车辆装备维修保障作战试验
理论与方法

周　斌　封会娟　杨英杰　等编著

国防工业出版社
·北京·

内 容 简 介

  维修保障作战试验作为车辆装备作战试验的重要组成部分，对于发现车辆与维修相关的设计缺陷，把住新车型列装的最后一道关口具有重要意义。本书针对车辆装备维修保障作战试验问题，从基本概念分析入手，对维修保障试验剖面设计、试验方案设计、试验环境规划，以及维修保障试验定性、定量和仿真评价等问题展开了深入探讨。本书内容不仅丰富了车辆装备维修保障作战试验相关理论，更为车辆装备维修保障作战试验实践提供了技术支撑。

  本书可供从事军事装备学、装备试验鉴定、军事系统工程等相关领域工作的研究人员、工程技术人员及高校学生参考阅读。

图书在版编目（CIP）数据

车辆装备维修保障作战试验理论与方法／周斌等编著.

北京：国防工业出版社，2025. 6. -- ISBN 978 - 7 - 118
- 13772 - 9

Ⅰ. E145.6

中国国家版本馆 CIP 数据核字第 2025FJ0440 号

※

国防工业出版社 出版发行

（北京市海淀区紫竹院南路 23 号　邮政编码 100048）

北京凌奇印刷有限责任公司印刷

新华书店经售

*

开本 710×1000　1/16　印张 11¼　字数 137 千字

2025 年 6 月第 1 版第 1 次印刷　印数 1—1300 册　定价 70.00 元

（本书如有印装错误，我社负责调换）

国防书店：（010）88540777　　书店传真：（010）88540776

发行业务：（010）88540717　　发行传真：（010）88540762

编写组名单

主　　编：周　斌　封会娟　杨英杰
副 主 编：张　坚　周　慧　郑艳亮
参编人员：付　康　祁方毅　张亚峰
　　　　　常　春　杨纯艳　汪　辉
　　　　　沈　虹　李慧梅　王　斌
　　　　　佟艺博　张　政　陆　凯

前　言

新的装备试验鉴定体系建立实施以来，新研车辆装备严格落实相关要求，开展了多型车辆的作战试验工作。从这几年的探索和实践看，车辆装备作战试验工作对确保新型车辆性能质量发挥了显著作用，但作为一个新事物，车辆装备作战试验工作仍有许多亟待解决的难题。如车辆装备维修保障虽然是部队战斗力的组成部分，对于保持恢复部队的作战能力具有十分重要的作用，但在以往的车辆装备试验鉴定中还没有得到应有的重视。

因此，作为车辆装备作战试验重要组成部分的车辆装备维修保障作战试验，虽然伴随着装备作战试验一起诞生了，但仍处于起步探索阶段，对维修保障作战试验的研究还存在诸多问题，如目前还没有形成对维修保障作战试验的统一明确定义，维修保障作战试验包含哪些要素、试验如何科学规划等还没有深入研究分析，尚缺乏一套科学的试验设计与评估方法等。

鉴于此，本书针对当前车辆装备维修保障作战试验的通用理论和工程技术问题进行了探讨。具体来说，在厘清基本概念的基础上，研究了维修保障试验剖面的确定方法，介绍了如何科学设计维修保障试验方案、合理规划试验环境，最后提出了科学实施维修保障试验效果评估的技术方法。

本书内容丰富、实用性强，对于从事车辆装备维修保障作战试验工作的专业人员具有较高参考价值，对于装备试验鉴定领域的研究人员和学者也具有重要的借鉴意义。希望本书的出版能为车辆装备维修保障作战试验的理论研究和工程实践贡献一份力量，同时也期待更多的专业人士和学者能够参与到相关研究中来，共同推动这一领域的进步和发展。

由于作者水平和能力有限，本书尚有诸多不妥之处，欢迎读者不吝指教。

作者

2024 年 11 月

目 录

第1章　绪论 ··· 001

1.1　作战试验的地位和作用 ····························· 001

1.2　基本概念 ·· 002

1.2.1　作战试验 ··· 002

1.2.2　维修保障作战试验 ····························· 003

1.2.3　作战试验方案 ··································· 003

1.2.4　维修保障作战试验方案 ····················· 003

第2章　维修保障作战试验剖面设计 ··················· 005

2.1　维修保障作战试验剖面设计原则 ················· 005

2.1.1　试验设计符合客观真实 ····················· 005

2.1.2　试验设计便于操作 ····························· 006

2.2　维修保障作战试验剖面设计思路与步骤 ········· 008

2.2.1　设计思路 ··· 008

2.2.2　设计步骤 ··· 011

2.3　典型任务剖面权重与任务剖面加权工作时间确定 ··· 016

2.3.1　典型任务剖面权重确定 ····················· 016

2.3.2 任务剖面加权工作时间确定 ……………………………… 017

2.3.3 示例分析 ……………………………………………… 017

2.4 分试验与具体试验设计 …………………………………… 018

2.4.1 分试验设计 …………………………………………… 018

2.4.2 具体试验设计 ………………………………………… 020

2.4.3 示例分析 ……………………………………………… 021

2.5 基于典型任务剖面的试验时间折算 ……………………… 024

2.5.1 具体试验时间的折算 ………………………………… 024

2.5.2 分试验时间的折算 …………………………………… 026

2.5.3 运行事件等效时间的确定 …………………………… 026

2.5.4 示例分析 ……………………………………………… 027

2.6 分试验与具体试验所占比例确定 ………………………… 031

2.6.1 具体试验所占比例确定 ……………………………… 031

2.6.2 分试验所占比例确定 ………………………………… 032

2.6.3 示例分析 ……………………………………………… 032

2.7 运行事件总等效时间确定与分配 ………………………… 033

2.7.1 运行事件总等效时间的确定 ………………………… 033

2.7.2 工作应力确定 ………………………………………… 034

2.7.3 环境应力确定 ………………………………………… 034

2.7.4 示例分析 ……………………………………………… 035

第3章 维修保障作战试验方案设计 …………………………… 038

3.1 车辆装备维修保障作战试验使命任务分析 ……………… 038

3.1.1 车辆装备使命任务 …………………………………… 038

3.1.2　车辆装备作战试验使命任务 ················· 039

3.1.3　车辆装备维修保障作战试验使命任务 ········· 039

3.2　车辆装备维修保障作战试验约束条件分析 ············· 040

3.3　维修保障作战试验方案基本要素分析 ················· 041

3.4　维修保障作战试验方案主要内容 ··················· 044

3.4.1　试验科目 ································· 044

3.4.2　试验人员 ································· 046

3.4.3　试验条件 ································· 047

3.4.4　试验方法 ································· 048

3.4.5　试验数据采集方法 ························· 050

3.5　维修保障作战试验方案规范化描述 ················· 050

3.5.1　文字说明式描述方法 ······················· 051

3.5.2　表格式描述方法 ··························· 052

3.6　方案设计示例 ······························ 054

3.6.1　建立指标体系 ····························· 054

3.6.2　构建试验方案全集 ························· 054

3.6.3　选取确定试验变量及水平 ··················· 057

3.6.4　确定试验样本量 ··························· 058

第4章　车辆装备维修保障作战试验方案规划方法 ·············· 059

4.1　基本原则 ······························· 059

4.2　一般流程与方法 ··························· 060

4.3　维修保障作战试验指标体系确定 ················· 062

4.4　维修保障作战试验方案全集构建 ················· 063

4.5 维修保障作战试验变量选取与水平确定 ·················· 065

    4.5.1 试验变量的选取 ·················· 065

    4.5.2 水平变量的确定 ·················· 066

4.6 维修保障作战试验样本量确定 ·················· 067

    4.6.1 设计方法的确定研究 ·················· 068

    4.6.2 试验次数的确定 ·················· 077

第 5 章 维修保障作战试验验证环境规划问题分析 ·············· 083

5.1 验证环境相关概念 ·················· 083

    5.1.1 验证的定义 ·················· 083

    5.1.2 验证环境的定义 ·················· 085

5.2 验证环境规划方案描述 ·················· 086

    5.2.1 规划方案的构成 ·················· 086

    5.2.2 规划方案描述模板 ·················· 087

5.3 规划方案制订问题分析 ·················· 089

5.4 验证关键点分析 ·················· 092

    5.4.1 关键工作项目确定 ·················· 092

    5.4.2 验证关键点确定 ·················· 093

5.5 验证场景分析 ·················· 095

    5.5.1 典型验证场景确定 ·················· 095

    5.5.2 各种场景验证方法的适用性分析 ·················· 098

5.6 验证环境资源需求分析 ·················· 104

    5.6.1 验证环境功能需求分析 ·················· 104

    5.6.2 验证环境资源确定 ·················· 108

5.6.3 示例分析 ···················· 108

第6章 面向作战试验的车辆维修保障能力评价分析 ········ 111

6.1 维修保障能力 ···················· 111

6.2 维修保障能力评价 ···················· 113

6.3 面向作战试验的车辆维修保障能力评价问题分析 ········ 114

6.3.1 评价流程 ···················· 114

6.3.2 基本思路 ···················· 116

6.3.3 研究对象 ···················· 118

第7章 车辆维修保障能力参数体系构建 ················ 120

7.1 构建原则及流程 ···················· 120

7.1.1 构建原则 ···················· 120

7.1.2 构建流程 ···················· 122

7.2 面向任务的车辆维修保障能力参数体系构建 ········ 122

7.2.1 确定参数体系基本结构 ···················· 123

7.2.2 确定准则层参数 ···················· 124

7.2.3 确定方案层参数 ···················· 127

7.3 车辆维修保障能力参数体系 ···················· 129

第8章 车辆维修保障能力评价方法 ············ 130

8.1 定性评价 ···················· 130

8.1.1 评价方法 ···················· 130

8.1.2 满意度问卷 ···················· 131

8.2　定量评价 ·································· 132

8.2.1　评价方法 ····························· 132

8.2.2　评价标准问卷 ···················· 133

8.3　仿真评价 ·································· 133

8.3.1　仿真评价思路 ···················· 133

8.3.2　维修保障系统仿真概念模型 ········· 136

8.3.3　仿真评价参数体系 ················ 145

8.3.4　参数数学模型 ···················· 146

8.3.5　试验参数仿真计算模型 ··········· 150

8.3.6　仿真软件设计 ···················· 156

参考文献 ·································· 166

第1章

绪　论

1.1　作战试验的地位和作用

对武器装备发展来说，作战需求是前端牵引，试验鉴定是后端验证，这两个环节抓好了，才能有效提高武器装备体系贡献率和实战适用性。武器装备试验鉴定，就是通过规范化的组织形式和试验活动，对武器装备战术技术性能、作战效能和保障效能进行全面考核，并独立作出评价结论的综合性活动。它贯穿于装备发展全寿命过程，是装备建设决策的重要支撑，也是发现装备问题缺陷、改进提升装备性能、确保装备实战适用性和有效性的重要手段，是考核装备能否满足作战使用要求的最高检验行为。

在机械化战争样式下，武器装备自身特点以及装备发展工作的实际需求，使得武器装备试验鉴定工作主要是以性能试验为主体，性能试验的试验项目基本上都是以单件武器装备型号产品为试验对象，其目的基本上都是检验装备型号产品的各个单项性能指标是否达到了初始设计要求。当前，新一轮科技革命和军事革命迅猛发展，现代战争信息化程度不断提高，智能化特征日益显现，建设智能化军事体系成为世界军事发展的重大趋势。信息化武器装备在构成上融入了大量先进的、精密的、复杂的信息化设备，这些设备往往具有机械化设备所不具备的特征，如操作复杂、易受干扰、比较脆弱等，它们的使用效能在相对平稳的试验环境下和比较激烈的实战环境下会产生较大的差异。因此，传统的武器装备性能试验已经难以满足武器装备试验工作的实际需求，有必要由单一装备的试验向装备体系的试验转型，由"标准"环境下的试验向"实战"环境下的试验转型，由注重性能的试验向注重效能的试验转型。

武器装备作战试验通过逼真的战场环境及近似实战的条件，全面摸清装备实战效能、体系融合度和贡献率等综合效能底数，为装备列装定型奠定基础。因此，作战试验是当代新军事变革背景下传统武器装备试验工作转型的重要方向，也是当代信息化条件下武器装备发展工作的迫切需求，对于确保新研武器装备的实战效能、规避武器装备研制风险等都具有十分重要的作用。

从作用看，作战试验主要回答装备是否"管用"问题。从考核方法和目的看，作战试验需设计带有作战背景的试验想定，更加突出对抗性，侧重评估装备完成特定作战任务的能力和程度，以考核装备作战效能、保障效能、部队适用性、作战任务满足度，以及质量稳定性等。

1.2 基本概念

1.2.1 作战试验

美军对武器装备作战试验的定义是：在真实的作战条件下，由典型军事用户对作战中使用的任一武器、装备或弹药（或关键部件）进行的现地试验，用以评价武器装备的作战效能和作战适用性。

因此，作战试验是对装备及装备体系，在近似实战环境和对抗条件下进行作战效能和作战适用性等的考核与评估，检验装备完成规定作战任务的满足度以及部队适用性，摸清装备在特定作战任务剖面下的战术技术指标和能力底数，探索装备作战运用方式，其结论是装备列装定型审查的重要依据。

1.2.2 维修保障作战试验

装备维修保障，是指为保持、恢复装备良好技术状态或改善装备性能而进行维护修理的活动。因此，可作如下定义：维修保障作战试验是指为满足装备作战使命任务，在近似实战环境和对抗条件下，对装备维修保障效能等进行考核与评估的装备试验活动，其结论是列装定型审查的重要依据之一。

维修保障作战试验作为装备试验鉴定工作中的一个重要组成部分，是验证装备维修保障特性是否满足研制要求、保障系统是否合理有效的重要途径，同时还是暴露装备和保障系统不足与潜在问题的必要手段，贯穿于装备全寿命周期特别是各类试验鉴定工作。其试验效果的好坏，对新研装备能否快速形成维修保障能力具有至关重要的影响。

1.2.3 作战试验方案

作战试验方案，是试验执行单位组织实施装备作战试验活动的基本依据和根本遵循。依据作战试验方案制定试验实施计划，可具体指导作战试验执行。

1.2.4 维修保障作战试验方案

装备维修保障作战试验方案是装备维修保障作战试验的总体规划和描

述。它不仅需要考虑装备的设计特性，还与作战需求、计划的保障资源联系密切，是实现鉴定装备维修保障效能要求的重要保证，是提升装备维修保障能力的关键。

需要指出的是，本书研究的维修保障作战试验方案，注重于在作战试验中对维修保障具体内容的规划，即维修保障试验活动情况的说明。

第2章

维修保障作战试验剖面设计

维修保障作战试验剖面设计作为维修保障作战试验工作首先需要突破的技术，主要解决运行事件条件安排问题。针对这个问题，主要是解决典型任务剖面权重与加权工作时间确定、分试验与具体试验设计、基于典型任务剖面的试验时间折算、分试验和具体试验所占比例确定、运行事件总等效时间的确定与分配等问题。

本章在维修保障作战试验剖面设计每一步的后半部分，以车辆装备为例，按设计步骤进行维修保障作战试验剖面设计的示例分析。

2.1 维修保障作战试验剖面设计原则

2.1.1 试验设计符合客观真实

试验设计符合客观真实是指最大程度地还原装备所经历的事件以及所处的环境。试验剖面设计真实性程度的好坏直接影响装备维修保障作战试验数据的可信度，进而影响验证结果的客观性和可信性，是进行试验剖面设计首先必须遵循的原则。

由于维修保障作战试验包括运行和修复两类事件，因此试验剖面的真实性主要体现在两个方面：一是运行事件条件和修复事件条件的真实性；二是运行和修复事件关系的真实性。

（1）运行事件条件和修复事件条件的真实性。

对于装备运行事件来说，应基于装备典型的任务剖面，要求覆盖各功能系统的可靠性试验剖面，并保证各功能系统的试验所占比例符合实际。并且，要求所处的综合自然环境（地区、昼夜、季节等）条件尽可能真实地反映产品实际使用所遇到的环境。

对于装备修复事件来说，按照维修性试验规定的条件进行，模拟故障按照维修性试验的规定进行故障分配和设置。

（2）运行和修复事件关系的真实性。

运行和修复事件关系的真实性有两方面的含义：一是运行和修复事件的关系符合实际情况；二是模拟故障的修复事件尽可能少。

运行和修复事件的关系符合实际情况，是由于设计定型受试品数量所限，在各项技术性能试验、环境试验和可靠性试验中发生自然故障时，不进行修复而用另一台装备进行替换显然是不现实的。因此，运行和自然故障修复事件之间时序关系应该是交替进行的关系。

模拟故障的修复事件尽可能少，是由于模拟故障显然不如自然故障能够反映装备产生故障的真实客观性。所以，首先必须充分利用自然故障来进行修复。当自然故障不足时，才针对模拟故障进行修复。由于这时装备不产生运行事件，因此这类修复事件是连续发生的。

2.1.2 试验设计便于操作

试验设计便于操作是指通过设计使试验操作方便可行。试验剖面设计是否便于操作对于试验高效而经济地顺利实施具有重要意义。

维修保障作战试验剖面设计的可操作性主要包括三个方面：一是运行事件和修复事件之间的安排便于操作；二是运行事件内部各分试验和具体试验时序关系的安排便于操作；三是综合自然环境条件（地区、昼夜、季节等）的安排便于操作。

（1）运行事件和修复事件之间安排的可操作性。

运行事件和修复事件之间安排的可操作性主要包括以下两个方面。

① 试验截尾方式不同情况下试验剖面的可操作性。这类可操作性指针对不同的试验截尾方式，如何设计试验剖面，使得试验操作方便可行。当试验截尾方式是定数截尾时，固有可用度（A_i）、平均故障间隔时间（MTBF）以及平均修复时间（MTTR）的试验验证都可表现为定数截尾试验。当试验截尾方式是定时截尾时，A_i、MTBF 的试验验证都可表现为定时截尾试验，然而由于模拟故障只能按照数量分配，即修复作业只能按照数量分配，而不能按照修复时间分配，因此 MTTR 只能表现为定数截尾试验。当试验截尾方式是序贯截尾时，为了操作和研究方便，仅对 A_i 验证采用序贯截尾的方法，对 MTTR 和 MTBF 的验证仍用定数截尾的方法。

② 优先满足风险要求的参数不同情况下试验剖面的可操作性。这类可操作性指针对优先满足风险要求的参数不同的综合试验，如何设计试验剖面，使得试验操作方便可行。优先满足风险要求参数的组合共有 7 种，这里只分析优先满足 A_i、MTTR 风险要求的情况。如果一开始就模拟故障进行修复，一方面不符合维修性试验的要求；另一方面无法确定模拟故障的数量，造成实际上的不可操作性。如果完全不模拟故障，只进行工作循环，可能造成试验经费的大幅增加。因此，应该首先按照交替进行的运行和修复状态组成的工作循环不断重复向前推进，试验样本数据满足 A_i 试验风险后，再模拟故障直到满足 MTTR 试验风险。

（2）运行事件内部各分试验和具体试验时序关系安排的可操作性。基于任务剖面和定型试验的条件，安排各分试验和具体试验时序关系，一方面要便于综合试验的实施；另一方面要便于收集各分试验和具体试验的样本数据。

（3）综合自然环境条件时序关系安排的可操作性。对于地区和季节等自然条件时序关系安排，根据定型试验总体计划和交付试验时间的不同，灵活掌握，但一般首先进行常温地区和春秋季节试验。

2.2　维修保障作战试验剖面设计思路与步骤

2.2.1　设计思路

运行事件条件安排是维修保障作战试验剖面设计最为核心的问题。

运行事件条件安排目的是按照分试验和具体试验所占比例，将试验运行总的日历时间分解为各分试验和具体试验日历时间。再按照分试验和具体试验日历时间进行试验。

依据统计试验方案设计给出的试验样本量或累计试验时间，可以确定试验运行总的日历时间，本书将其称为运行总时间。

由于装备在运行过程中可能是一个功能系统单独工作，也可能是多个功能系统并行工作，功能系统的工作强度量纲也不尽相同，因此不能直接对试验运行总时间进行分配，而要先将其转化为运行事件总等效时间再进行分配。该时间指经历多轮任务循环的试验运行过程中所有功能系统的运行日历时间总和。

通过确定典型任务剖面权重和各任务剖面各阶段的工作时间，可计算任务剖面加权工作时间。运行总时间是任务剖面加权工作时间的 k 倍。将任务剖面各阶段功能系统日历工作时间进行折算及合成可计算运行事件等效时间。运行事件总等效时间可表示为运行事件等效时间的 k 倍。因此，在已知运行总时间的基础上，运行总时间向运行事件总等效时间的转换，要先确定运行事件等效时间和任务剖面加权工作时间。运行总时间向运行事件总等效时间的转换方法，如图2-1所示。

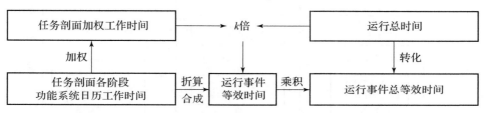

图2-1 运行总时间向运行事件总等效时间的转换方法

对运行事件总等效时间进行分配需要确定分试验和具体试验所占比例。要确定这个比例，首先，依据装备功能系统组成和任务剖面，确定运行事件组成，即设计分试验和具体试验；其次，基于任务剖面，将每个分试验和具体试验日历时间折算为分试验和具体试验运行过程中所有功能系统的运行日历时间总和，本书分别称其为分试验和具体试验等效时间，所有分试验等效时间的总和就是运行事件等效时间；最后，做除法运算确定这个比例。

按照分试验和具体试验所占比例，对运行事件总等效时间进行分配，可以确定分试验和具体试验总等效试验时间（本书称为工作应力）。依据各自然环境要求，分别对分试验和具体试验总等效试验时间进行分配，确定各自然条件下分试验和具体试验总等效时间（本书称为环境应力）。因此，可知维修保障作战试验剖面设计的输入和输出。

输入：装备系统组成、使用需求、典型任务剖面、自然环境条件要求。

输出：分试验和具体试验及其所占比例、分试验和具体试验总等效试验时间、各自然条件下分试验和具体试验总等效时间。

维修保障作战试验剖面设计思路，如图2-2所示。

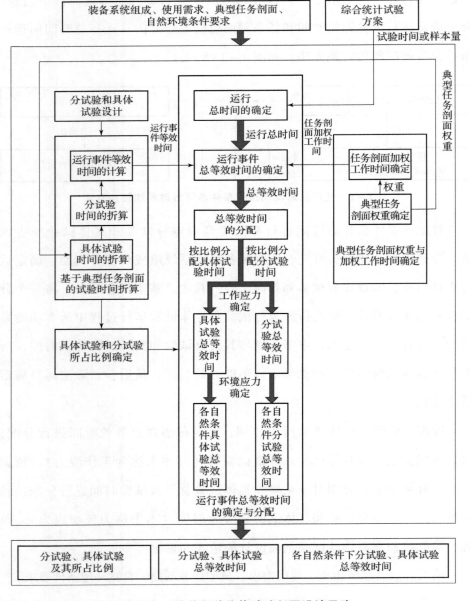

图2-2　维修保障作战试验剖面设计思路

2.2.2　设计步骤

根据维修保障作战试验剖面设计思路，给出以下设计步骤。

步骤1：典型任务剖面权重与任务剖面加权工作时间确定。

如果订购方提出的使用需求中，给出了各典型任务所占比例，则不必确定。如果只给出了各典型任务剖面，而没有给出所占比例，则需要进行确定。

一般来说，权重的确定方法有两种：一种是专家经验评价法（如Delphi法）；另一种是数学原理加权法（如层次分析法）。在确定权重时，前一种方法主要依据专家的经验和知识，虽具有一定的主观性，但不需要太多的信息数据；后一种方法不需要依靠专家的意见，主要依据客观信息进行判断，科学性更强，但需要更多的客观信息。在确定典型任务剖面权重时，由于装备还处于定型阶段，可以利用的实际任务信息并不充分，因此，本书采用专家经验评价法进行确定。

基于典型任务剖面权重和各任务剖面工作时间，可确定任务剖面加权工作时间。

步骤2：分试验与具体试验设计。

综合试验由多个分试验组成，每个分试验由多个具体试验组成。在进行综合试验设计时，应当先设计分试验，再设计具体试验。分试验与具体试验设计，如图2-3所示。

针对分试验，基于任务剖面设计具体试验。一方面，保证一种具体试验对应一种独特的工作强度组合；另一方面，需要保证所设计的具体试验种类覆盖所有符合实际工作要求的工作强度组合。同时，这种工作强度组合不能违反装备的实际工作特点。因此，依次针对每种分试验，设计具体

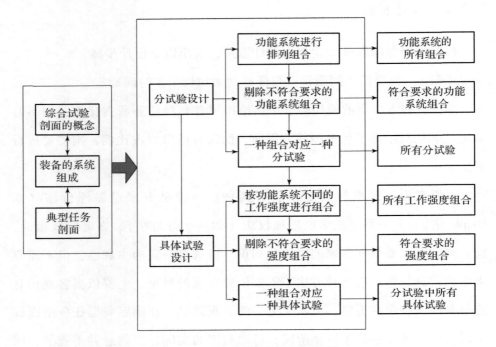

图 2-3　分试验与具体试验设计

试验，可分为以下 3 步。

（1）基于任务剖面，分析参与试验的每个功能系统的所有可能的工作强度，进行排列组合，得出所有可能的工作强度的组合。

（2）基于装备的实际工作特点，对这些组合依次分析，剔除不符合要求的组合。

（3）针对每种符合要求的组合，设计一种仅覆盖该组合工作特点的具体试验，进而得到所有具体试验。

步骤 3：基于典型任务剖面的试验时间折算。

基于各个典型任务剖面权重和时间要求，按先后顺序，进行具体试验、分试验和综合试验中运行事件时间的折算，确定具体试验、分试验的等效时间，以及运行事件等效时间。基于典型任务剖面的试验时间折算，如图 2 - 4 所示。

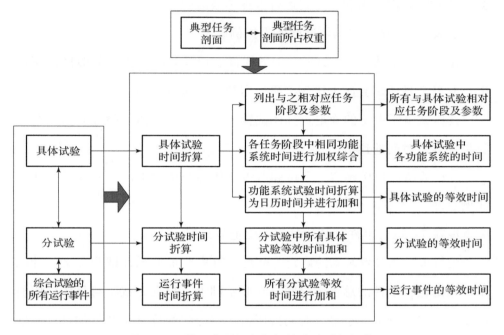

图 2 - 4　基于典型任务剖面的试验时间折算

一个具体试验是由多个功能系统分别在一定工作强度下实施的试验。对具体试验的时间折算，需要分 3 步进行。

（1）分析各个典型任务剖面，列出与具体试验相对应的任务阶段及其任务参数。

（2）将各个典型任务剖面中与具体试验相对应的阶段时间数据进行加权综合，得到基于任务剖面的具体试验中各功能系统的时间。

（3）将具体试验中各个功能系统的试验时间统一都折算为日历时间，并将这些日历时间进行加和，可以得到具体试验等效时间。

分试验的时间折算：在得到具体试验的等效时间基础上，将分试验下所有具体试验的等效时间进行加和，得到分试验等效时间。

运行事件的时间折算：在得到分试验等效时间的基础上，将所有分试验的等效时间进行加和，得到运行事件等效时间。

步骤4：分试验与具体试验所占比例确定。

在确定具体试验、分试验的等效时间，以及运行事件等效时间的基础上，先确定具体试验所占比例，再确定分试验所占比例。

具体试验所占比例确定：具体试验所占比例为具体试验等效时间与运行事件等效时间的比值。

分试验所占比例确定：分试验所占比例为分试验下所有具体试验所占比例总和。

步骤5：运行事件总等效时间的确定与分配。

运行事件总等效时间的确定与分配，首先要根据统计试验方案设计结果，确定运行事件的总等效时间。在此基础上，根据分试验与具体试验所占比例，将运行事件总等效时间按所占比例分配给分试验和具体试验，确定具体试验和分试验总的实际等效时间。依据综合自然环境条件要求，分别对地区、气候、季节等条件进行时序描述。这种描述要具体到运行事件内部所有的分试验和具体试验。各地区、气候、昼夜等条件试验的具体时序关系，根据定型试验计划、试验资源、交付试验时间等确定，本书不作重点研究。

运行事件总等效时间的确定，分为以下3步。

（1）根据统计试验方案的结果计算运行总时间。

（2）分析典型任务剖面，将每个任务剖面的工作时间加权综合，得到任务剖面加权工作时间。

（3）计算运行事件总等效时间，可表示为运行总时间和任务剖面加权工作时间之比与运行事件等效时间的乘积。

工作应力确定包括具体试验和分试验实际等效时间确定。具体试验实际等效时间可表示为运行事件总等效时间与具体试验所占比例的乘积。分试验实际等效时间可表示为分试验下所有具体试验实际等效时间的总和。

工作应力的确定，如图2－5所示。

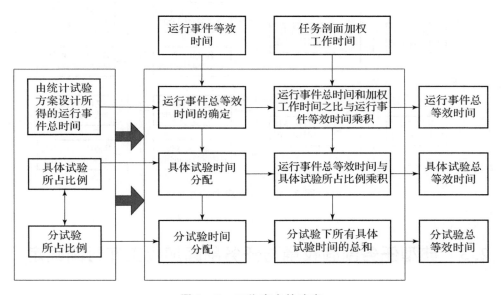

图2－5 工作应力的确定

环境应力确定，要首先获得各地区、气候、昼夜等条件的比例分配方案、运行事件总等效时间、具体试验和分试验所占比例；然后依据各环境条件的比例分配方案，将具体试验总等效时间分配，计算出各地区、气候、昼夜等条件具体试验总等效时间，最后按各条件具体试验时间进行加和，计算出各自然条件分试验总等效时间。环境应力确定，如图2－6所示。

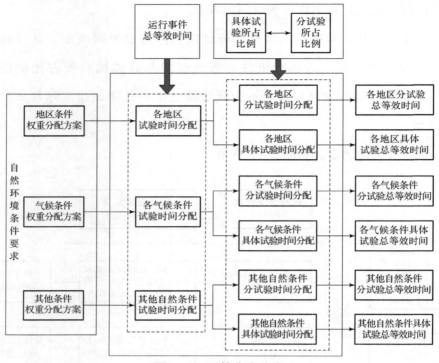

图 2 - 6　环境应力确定

2.3　典型任务剖面权重与任务剖面加权工作时间确定

2.3.1　典型任务剖面权重确定

设装备共有 k_1 个典型任务剖面，有 k_2 个专家参与评价，装备要执行任务总次数为 k_3。设任意一个专家（不妨设第 i 个专家）认为，按照任意一个典型任务剖面（不妨设第 j 个典型任务剖面）执行的任务次数为 a_{ij}。因此按照第 j 个典型任务剖面执行的任务次数的平均值为

$$a_j = \sum_{i=1}^{k_2} (a_{ij}) \bigg/ k_2, j = 1, 2, \cdots, k_1; \sum_{j=1}^{k_1} (a_{ij}) = k_3$$

因此，第 j 个典型任务剖面的权重为

$$b_j = a_j/k_3, j = 1, 2, \cdots, k_1 \qquad (2-1)$$

其中

$$\sum_{j=1}^{k_1} b_j = 1$$

2.3.2 任务剖面加权工作时间确定

设任意一个典型任务剖面（不妨设第 d 个典型任务剖面）中，装备工作时间和为 τ_d^*。因此，任务剖面加权工作时间为

$$\tau^* = \sum_{d=1}^{k_1} b_d \tau_d^* \qquad (2-2)$$

2.3.3 示例分析

1. 典型任务剖面权重确定

车辆的作战任务包括坚守阵地任务和进攻战斗任务。因此，典型的任务剖面包括坚守阵地防御任务剖面和进攻战斗任务剖面。

采用专家经验评价法确定权重。车辆共有 2 个典型任务剖面，要执行任务总次数为 100，有 6 位专家参与评价。专家具体意见如下：

第 1 位专家认为，执行坚守阵地防御任务次数为 65，进攻战斗任务次数为 35。

第 2 位专家认为，执行坚守阵地防御任务次数为 70，进攻战斗任务次数为 30。

第 3 位专家认为，执行坚守阵地防御任务次数为 72，进攻战斗任务次数为 28。

第 4 位专家认为，执行坚守阵地防御任务次数为 67，进攻战斗任务次数为 33。

第 5 位专家认为，执行坚守阵地防御任务次数为 73，进攻战斗任务次数为 27。

第 6 位专家认为，执行坚守阵地防御任务次数为 68，进攻战斗任务次数为 32。

因此，执行坚守阵地防御任务次数平均值为 $a_1 = 69.2$，进攻战斗任务次数平均值为 $a_2 = 30.8$。根据式（2 - 1）可得，坚守阵地防御任务所占比例为 $b_1 = 69.2\%$，进攻战斗任务所占比例为 $b_2 = 30.8\%$。

2. 任务剖面加权工作时间确定

通过对任务剖面的分析，坚守阵地防御任务剖面的装备工作时间和 $\tau_1^* = 21.02h$；进攻战斗任务剖面 $\tau_2^* = 21.13h$。根据式（2 - 2），任务剖面加权工作时间为 $\tau^* = b_1\tau_1^* + b_2\tau_2^* = 21.06h$。

2.4 分试验与具体试验设计

2.4.1 分试验设计

分试验的设计过程，如图 2 - 7 所示。

1. 功能系统进行排列组合

设通过对装备组织结构和任务剖面分析可知，装备包括功能系统种数为 m_1，对其进行排列组合。可获得所有的组合类型数为

$$m_2 = \sum_{j=1}^{m_1} C_{m_1}^j \qquad (2 - 3)$$

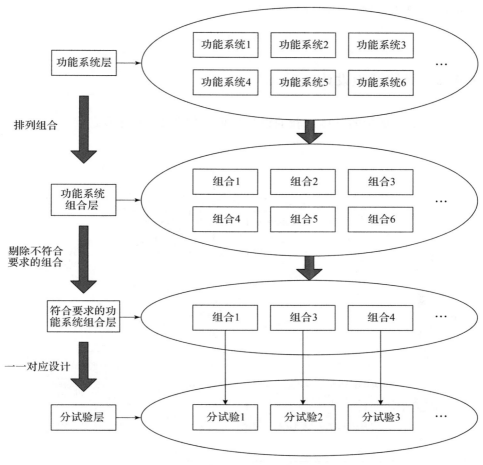

图 2 − 7　分试验的设计过程

2. 剔除不符合要求的组合

依据任务剖面的特点，针对功能系统的所有组合进行分析，设剔除不符合装备实际运行要求的组合种类数为 m_3，得到符合要求的组合种类数为 $m_4 = m_2 - m_3$。

3. 设计分试验，与功能系统组合一一对应

针对每个符合要求的功能系统组合，设计分试验，与功能系统组合一

一对应。因此，分试验的种类数为

$$N = m_4 \qquad\qquad (2-4)$$

2.4.2 具体试验设计

针对某分试验的具体试验的设计过程，如图 2 - 8 所示。

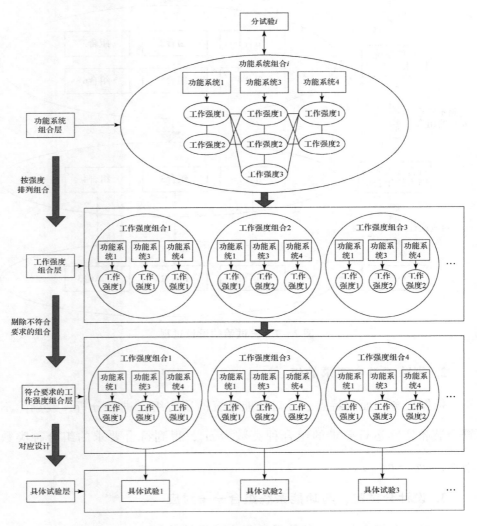

图 2 - 8　具体试验的设计过程

1. 功能系统按工作强度不同进行组合

根据任务剖面的要求，在分试验内部，每个功能系统都有多种工作强度，不同工作强度下功能系统进行组合会得到多种不同的工作组合。因此，设对于任意一个分试验（不妨设第 i 个分试验），含 r_i 个功能系统；其中，设对于任意一个功能系统（不妨设第 j 个功能系统），存在 l_j 种工作强度，按工作强度不同进行归类，可获得所有的组合类型数为

$$z_i^* = \prod_{j=1}^{r_i} C_{l_j}^1 \qquad (2-5)$$

2. 剔除不符合要求的组合

针对功能系统不同工作强度的所有组合进行分析，设剔除不符合装备实际运行要求的组合种类数为 z_i'，得到符合要求的组合种类数为

$$z_i'' = z_i^* - z_i' \qquad (2-6)$$

3. 设计具体试验，与功能系统不同工作强度的组合一一对应

在分试验中，针对每个符合要求的组合设计具体试验，与不同工作强度的组合一一对应。因此，设对于任意一个分试验（不妨设第 i 个分试验），具体试验种类数为

$$z_i = z_i'' \qquad (2-7)$$

2.4.3 示例分析

车辆的功能系统主要包括火力系统、火控系统、底盘系统、通信系统等。根据任务剖面，为便于示例分析，本书只考虑火力系统、火控系统和底盘系统三种主要的功能系统，进行分试验和具体试验设计。

1. 分试验设计

例如，车辆的功能系统种数为 $m_1 = 3$。分别是火力系统、火控系统和底盘

系统，对其进行排列组合。根据式（2-3），可获得所有的组合类型数为

$$m_2 = \sum_{j=1}^{3} C_3^j = 7$$

具体的组合如下：

（1）火力系统；

（2）火控系统；

（3）底盘系统；

（4）火力系统、火控系统；

（5）火力系统、底盘系统；

（6）火控系统、底盘系统；

（7）火力系统、火控系统、底盘系统。

对于车辆来说，分析其任务剖面和工作特点，火控和火力系统往往同时工作，而底盘系统一般不与火控和火力系统同时工作，只单独工作，因此，不符合车辆实际运行要求的组合为（1）（2）（5）（6）（7）。符合要求的组合为（3）（4）。

针对功能系统组合（3）（4），分别设计分试验。因此，分试验的种类数为 $N=2$，分别为：行驶试验，对应的功能系统组合为底盘系统；射击试验，对应的功能系统组合为火力系统、火控系统。

2. 具体试验设计

行驶试验，底盘系统有 3 种工作强度，分别是一级路行驶速度 v_1、二级路行驶速度 v_2、三级路行驶速度 v_3（单位：行驶里程/h）。

射击试验，火力系统有 3 种工作强度，分别是急袭射 v_4、间歇射 v_5 和等速射 v_6（单位：发射数/h）；火控系统只有 1 种工作强度 v_7（单位：工作时间/h）。

因此，根据式（2-5），行驶试验可获得所有的组合类型数为

$$z_1^* = C_3^1 = 3$$

例如：一级路行驶试验，速度 $v_1 = 45\,\mathrm{km/h}$；二级路行驶试验，速度 $v_2 = 30\,\mathrm{km/h}$；三级路行驶试验，速度 $v_3 = 20\,\mathrm{km/h}$。

射击试验可获得所有的组合类型数为

$$z_2^* = C_3^1 C_1^1 = 3$$

例如：急袭射试验，射速 $v_4 = 72$ 发/h，火控系统工作强度 $v_7 = 1$；间歇射试验，射速 $v_5 = 15$ 发/h，火控系统工作强度 $v_7 = 1$；等速射试验，射速 $v_6 = 36$ 发/h，火控系统工作强度 $v_7 = 1$。

从任务剖面中可知，3 种行驶试验和 3 种射击试验都符合实际。因此，车辆的综合试验的分试验和具体试验构成，如图 2-9 所示。

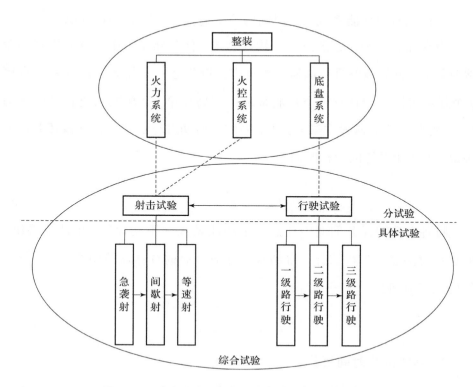

图 2-9　车辆综合试验的分试验和具体试验构成

2.5 基于典型任务剖面的试验时间折算

2.5.1 具体试验时间的折算

1. 列出与具体试验相对应的任务阶段及其任务参数

第 i 个分试验含 r_i 个功能系统，第 j 个功能系统存在 l_j 种工作强度，共有 z_i 种具体试验。对于任意一个具体试验（不妨设第 c 个具体试验），在各个任务剖面中列出与其相对应的任务阶段及任务参数。

2. 具体试验中功能系统运行时间的确定

具体试验中功能系统运行时间的确定过程，如图 2 – 10 所示。

设在任意一个任务剖面（不妨设第 d 个任务剖面）中，有 p_d 个任务阶段与第 i 个分试验的具体试验 c 相对应，设任意一个任务阶段（不妨设第 u 个任务阶段）中任意一个功能系统（不妨设第 j 个功能系统）的时间为 t_{icdju}。将每个任务阶段中第 j 个功能系统的时间进行加和，得到该任务剖面中第 j 个功能系统的运行时间为

$$t_{icdj} = \sum_{u=1}^{p_d} t_{icdju} \qquad (2-8)$$

将各个典型任务剖面中任意一个功能系统（不妨设第 j 个功能系统）的运行时间进行加权综合，得到基于任务剖面的具体试验中第 j 个功能系统的运行时间为

$$t_{icj} = \sum_{d=1}^{k_1} b_d t_{icdj} \qquad (2-9)$$

3. 具体试验时间折算

具体试验时间折算过程，如图 2 – 11 所示。确定基于任务剖面的具体

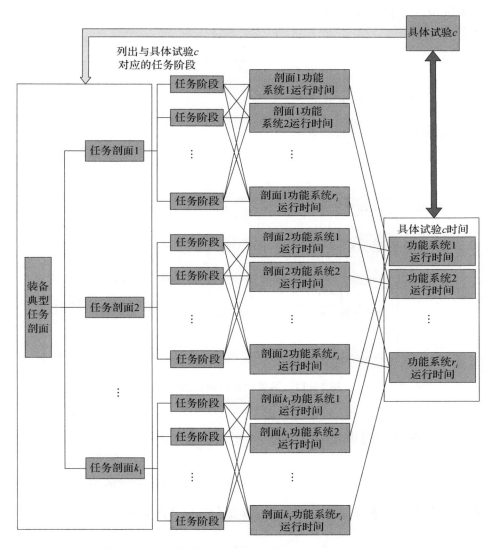

图 2 - 10 具体试验中功能系统运行时间的确定过程

试验中任意一个功能系统（不妨设第 j 个功能系统）的运行时间后，设功能系统的工作强度为 v_{icj}，将其折算为日历时间为

$$t_{icj}^* = t_{icj}/v_{icj} \qquad (2-10)$$

将具体试验中所有功能系统运行的日历时间进行加和，可知任意一个

具体试验（不妨设第 c 个具体试验）等效时间为

$$t_{ic}^* = \sum_{j=1}^{r_i} t_{icj}^* \qquad (2-11)$$

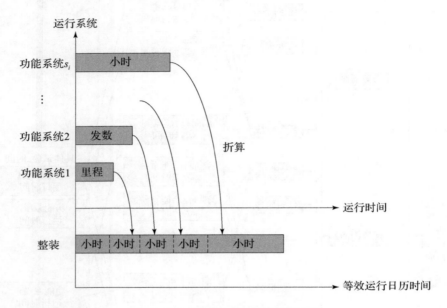

图 2 − 11　具体试验时间折算过程

2.5.2　分试验时间的折算

在确定第 c 个具体试验等效时间基础上，将第 i 个分试验下所有具体试验的等效时间进行加和，可得到第 i 个分试验等效时间为

$$t_i^* = \sum_{c=1}^{z_i} t_{ic}^* \qquad (2-12)$$

2.5.3　运行事件等效时间的确定

运行事件等效时间是所有分试验的等效时间进行加和。因此，运行事件等效时间为

$$t^* = \sum_{i=1}^{N} t_i^* \qquad\qquad (2-13)$$

2.5.4 示例分析

1. 具体试验的时间折算

（1）列出与具体试验相对应的任务阶段及其任务参数。

坚守阵地防御任务阶段涉及的功能系统，如图 2－12 所示。其中，某驻地准备和进入阵地战斗准备阶段不涉及火力系统、火控系统和底盘系统，因此没有在图中标出。坚守阵地防御任务剖面中，列出与各个具体试验相对应的阶段及其任务参数。

与一级路行驶试验相对应的是阶段 2 和 10 中的一级路行驶阶段，行驶里程分别是 $s_{21}=30\text{km}$ 和 $s_{101}=5\text{km}$。

与二级路行驶试验相对应的是阶段 2 和 10 中的二级路行驶阶段，行驶里程分别是 $s_{22}=180\text{km}$ 和 $s_{102}=30\text{km}$。

与三级路行驶试验相对应的是阶段 2 和 10 中的三级路行驶阶段，行驶里程分别是 $s_{23}=90\text{km}$ 和 $s_{103}=15\text{km}$。

与急袭射击试验相对应的是阶段 5~9 中的急袭射击阶段，射击发数分别是 $N_5=60$ 发、$N_6=60$ 发、$N_7=180$ 发、$N_8=50$ 发、$N_9=60$ 发。

与间歇射击试验相对应的是阶段 4 和 8 中的间歇射击阶段，射击发数是 $N_4=24$ 发、$N_8=10$ 发。

进攻战斗任务阶段涉及的功能系统，如图 2－13 所示。其中，驻地准备、集结待机和撤出阵地阶段不涉及火力系统、火控系统和底盘系统，因此没有在图中标出。进攻战斗任务剖面中，列出与各个具体试验相对应的阶段。

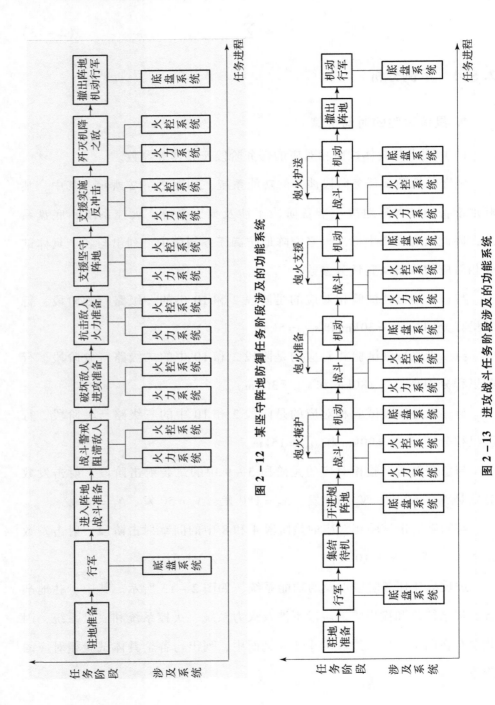

图 2-12 某坚守阵地防御任务阶段涉及的功能系统

图 2-13 进攻战斗任务阶段涉及的功能系统

与一级路行驶试验相对应的是阶段 2、4、5、6、7、8、10 中的一级路行驶阶段，行驶里程分别是 $s'_{21} = 24\text{km}$、$s'_{41} = 10\text{km}$、$s'_{51} = 1.5\text{km}$、$s'_{61} = 0.5\text{km}$、$s'_{71} = 0.2\text{km}$、$s'_{81} = 0.3\text{km}$、$s'_{101} = 10\text{km}$。

与二级路行驶试验相对应的是阶段 2、4、5、6、7、8、10 中的二级路行驶阶段，行驶里程分别是 $s'_{22} = 144\text{km}$、$s'_{42} = 60\text{km}$、$s'_{52} = 9\text{km}$、$s'_{62} = 3\text{km}$、$s'_{72} = 1.2\text{km}$、$s'_{82} = 1.8\text{km}$、$s'_{102} = 60\text{km}$。

与三级路行驶试验相对应的是阶段 2、4、5、6、7、8、10 中的三级路行驶阶段，行驶里程分别是 $s'_{23} = 72\text{km}$、$s'_{43} = 30\text{km}$、$s'_{53} = 4.5\text{km}$、$s'_{63} = 1.5\text{km}$、$s'_{73} = 0.6\text{km}$、$s'_{83} = 0.9\text{km}$、$s'_{103} = 30\text{km}$。

与急袭射击试验相对应的是阶段 5 和 6 中的急袭射击阶段，射击发数分别是 $N'_5 = 60$ 发、$N'_6 = 48$ 发。

与间歇射击试验相对应的是阶段 7 和 8 中的间歇射击阶段，射击发数分别是 $N'_7 = 5$ 发、$N'_8 = 8$ 发。

与等速射击试验相对应的是阶段 7 和 8 中的等速射击阶段，射击发数分别是 $N'_7 = 11$ 发、$N'_8 = 16$ 发。

（2）具体试验中功能系统运行时间的确定。

一级路行驶试验中，底盘系统行驶里程（运行时间）为

$$S_{111} = b_1(s_{21} + s_{101}) + b_2(s'_{21} + s'_{41} + s'_{51} + s'_{61} + s'_{71} + s'_{81} + s'_{101}) = 38.45\text{km}$$

二级路行驶试验中，底盘系统行驶里程（运行时间）为

$$S_{121} = b_1(s_{22} + s_{102}) + b_2(s'_{22} + s'_{42} + s'_{52} + s'_{62} + s'_{72} + s'_{82} + s'_{102}) = 230.7\text{km}$$

三级路行驶试验中，底盘系统行驶里程（运行时间）为

$$S_{131} = b_1(s_{23} + s_{103}) + b_2(s'_{23} + s'_{43} + s'_{53} + s'_{63} + s'_{73} + s'_{83} + s'_{103})S_{131} = 115.35\text{km}$$

急袭射击试验中，火力系统发射数（运行时间）为

$$N_{211} = b_1(N_5 + N_6 + N_7 + N_{81} + N_9) + b_2(N'_5 + N'_6 + N'_{71} + N'_{81}) = 334.4 \text{ 发}$$

火控系统运行时间为

$$\tau_{212} = v_7 \frac{b_1(N_5 + N_6 + N_7 + N_{81} + N_9) + b_2(N'_5 + N'_6 + N'_{71} + N'_{81})}{v_4} = 4.65\text{h}$$

间歇射击试验中，火力系统发射数（运行时间）为

$$N_{221} = b_1(N_4 + N_{82}) + b_2(N'_{72} + N'_{82}) = 27.7 \text{ 发}$$

火控系统运行时间为

$$\tau_{222} = v_7 \frac{b_1(N_4 + N_{82}) + b_2(N'_{72} + N'_{82})}{v_5} = 1.85\text{h}$$

等速射击试验中，火力系统发射数（运行时间）为

$$N_{231} = b_2(N'_{73} + N'_{83}) = 8.7 \text{ 发}$$

火控系统运行时间为

$$\tau_{232} = v_7 \frac{b_2(N'_{73} + N'_{83})}{v_6} = 0.225\text{h}$$

（3）具体试验时间折算。

由式（2-10）可知，一级路行驶试验中，将底盘系统行驶里程（运行时间）折算为日历时间为 $t^*_{111} = S_{111}/v_1 = 0.854\text{h}$。由式（2-11）可知，一级路行驶试验的等效时间为 $t^*_{11} = t^*_{111} = 0.854\text{h}$。

由式（2-10）可知，二级路行驶试验中，将底盘系统行驶里程（运行时间）折算为日历时间为 $t^*_{121} = S_{121}/v_2 = 7.69\text{h}$。由式（2-11）可知，二级路行驶试验的等效时间为 $t^*_{12} = t^*_{121} = 7.69\text{h}$。

由式（2-10）可知，三级路行驶试验中，将底盘系统行驶里程（运行时间）折算为日历时间为 $t^*_{131} = S_{131}/v_3 = 5.77\text{h}$。由式（2-11）可知，三级路行驶试验的等效时间为 $t^*_{13} = t^*_{131} = 5.77\text{h}$。

由式（2-10）可知，急袭射击试验中，将火力系统发射数（运行时间）折算为日历时间为 $t^*_{211} = N_{211}/v_4 = 4.65\text{h}$，火控系统运行日历时间为

$t_{212}^{*} = \tau_{212} = 4.65\text{h}$。由式（2-11）可知，急袭射击试验的等效时间为 $t_{21}^{*} = t_{211}^{*} + t_{212}^{*} = 9.3\text{h}$。

由式（2-10）可知，间歇射击试验中，将火力系统发射数（运行时间）折算为日历时间为 $t_{221}^{*} = N_{221}/v_5 = 1.85\text{h}$，火控系统运行日历时间为 $t_{222}^{*} = \tau_{222} = 1.85\text{h}$。由式（2-11）可知，间歇射击试验的等效时间为 $t_{22}^{*} = t_{221}^{*} + t_{222}^{*} = 3.7\text{h}$。

由式（2-10）可知，等速射击试验中，将火力系统发射数（运行时间）折算为日历时间为 $t_{231}^{*} = N_{231}/v_6 = 0.225\text{h}$，火控系统运行日历时间为 $t_{232}^{*} = \tau_{232} = 0.225\text{h}$。由式（2-11）可知，等速射击试验的等效时间为 $t_{23}^{*} = t_{231}^{*} + t_{232}^{*} = 0.45\text{h}$。

2. 分试验的时间折算

由式（2-12）可知，行驶试验的等效试验时间为 $t_1^{*} = t_{11}^{*} + t_{12}^{*} + t_{13}^{*} = 14.314\text{h}$。射击试验的等效试验时间为 $t_2^{*} = t_{21}^{*} + t_{22}^{*} = 13.45\text{h}$。

3. 运行事件时间折算

由式（2-13）可知，运行事件等效时间为 $t^{*} = t_1^{*} + t_2^{*} = 27.764\text{h}$。

2.6　分试验与具体试验所占比例确定

2.6.1　具体试验所占比例确定

在确定运行事件等效时间以及第 i 个分试验，第 c 个具体试验等效时间的基础上，可知第 c 个具体试验占运行事件等效时间的权重为

$$q_{ic} = \frac{t_{ic}^*}{t^*} \qquad\qquad (2-14)$$

2.6.2 分试验所占比例确定

在确定第 c 个具体试验占综合试验的权重基础上，将第 i 个分试验下所有具体试验的权重进行加和，可得到第 i 个分试验占运行事件等效时间权重为

$$q_i = \sum_{c=1}^{z_i} q_{ic} \qquad\qquad (2-15)$$

2.6.3 示例分析

1. 具体试验所占比例确定

根据式（3-14），可得各个具体试验所占比例如下：

一级路行驶试验所占比例为 $q_{11} = t_{11}^* / (t_1^* + t_2^*) = 3.1\%$；

二级路行驶试验所占比例为 $q_{12} = t_{12}^* / (t_1^* + t_2^*) = 27.7\%$；

三级路行驶试验所占比例为 $q_{13} = t_{13}^* / (t_1^* + t_2^*) = 20.8\%$；

急袭射击试验所占比例为 $q_{21} = t_{21}^* / (t_1^* + t_2^*) = 33.5\%$；

间歇射击试验所占比例为 $q_{22} = t_{22}^* / (t_1^* + t_2^*) = 13.3\%$；

等速射击试验所占比例为 $q_{23} = t_{23}^* / (t_1^* + t_2^*) = 1.6\%$。

2. 分试验所占比例确定

根据式（2-15），可知行驶试验所占比例为 $q_1 = q_{11} + q_{12} + q_{13} = 51.6\%$。射击试验所占比例为 $q_2 = q_{21} + q_{22} + q_{23} = 48.4\%$。

2.7　运行事件总等效时间确定与分配

2.7.1　运行事件总等效时间的确定

1. 运行总时间的计算

在试验前，假设可知平均故障间隔时间的估计值为 $\hat{\theta}$，固有可用度的估计值为 $\hat{A}_i$。

如果是定数截尾试验，经统计试验方案设计，确定最小试验循环对数为 n_1。可知，预计维修保障作战试验剖面中的运行总时间为

$$T_P^* = n_1 \hat{\theta} \qquad (2-16)$$

如果是定时截尾试验，经统计试验方案设计，确定最小累计试验时间为 T_1。可知，预计维修保障作战试验剖面中的运行总时间为

$$T_P^* = T_1 \hat{A}_i \qquad (2-17)$$

如果是序贯截尾试验，经统计试验方案设计，确定平均最小试验循环对数为 n_1'。可知，预计维修保障作战试验剖面中的运行总时间为

$$T_P^* = n_1' \hat{\theta} \qquad (2-18)$$

2. 运行事件总等效时间的计算

运行总时间 T_P^* 与任务剖面加权工作时间 τ^* 之比，表示装备在综合试验中运行总时间应该是任务剖面加权工作时间的倍数。因此，运行事件总等效时间可表示为运行事件等效时间的倍数，即

$$T^* = \frac{T_P^*}{\tau^*} t^* \qquad (2-19)$$

2.7.2 工作应力确定

1. 具体试验总等效时间确定

第 i 个分试验第 c 个具体试验占运行事件等效时间的比例为 q_{ic}。因此，当运行事件总等效时间为 T^* 时，第 c 个具体试验总等效时间为

$$T_{ic}^* = q_{ic}T^* \qquad (2-20)$$

2. 分试验总等效时间确定

第 i 个分试验占综合试验等效时间的权重为 q_i。因此，当运行总时间为 T^* 时，第 i 个分试验总等效时间为

$$T_i^* = q_i T^* = \sum_{c=1}^{z_i} T_{ic}^* \qquad (2-21)$$

2.7.3 环境应力确定

综合自然环境条件安排（环境应力的确定）主要是进行地区工作时间分配。其他的环境条件，如气象、昼夜工作时间分配方法与其相似。

1. 自然条件具体试验总等效时间确定

确定假设装备一般在 e 个地区工作。设任意一个地区（不妨设第 f 个地区）所占权重为 γ_f。综合试验在第 f 个地区试验中，运行事件实际等效时间为

$$T_f^* = \gamma_f T^* \qquad (2-22)$$

第 i 个分试验第 c 个具体试验占运行事件等效时间的权重为 q_{ic}。因此，当运行事件总等效时间为 T^* 时，第 c 个具体试验在第 f 个地区试验中总等效时间为

$$T_{icf}^* = \gamma_f q_{ic} T^* \qquad (2-23)$$

2. 自然条件分试验总等效时间确定

第 i 个分试验占综合试验等效时间的权重为 q_i。因此，当运行总时间为 T^* 时，第 i 个分试验在第 f 个地区试验中总等效时间为

$$T_{if}^* = \gamma_f q_i T^* = \gamma_f \sum_{c=1}^{z_i} T_{icf}^* \qquad (2-24)$$

2.7.4　示例分析

1. 运行事件总等效时间的确定

（1）运行总时间的计算。根据统计试验方案，可得运行总时间为 T_P^*。

（2）任务剖面加权工作时间为

$$\tau_1^* = t_2 + t_4 + t_5 + t_6 + t_7 + t_8 + t_9 + t_{10}, \tau_2^* = t_2' + t_4' + t_5' + t_6' + t_7' + t_8' + t_{10}'$$

$$\tau^* = b_1 \tau_1^* + b_2 \tau_2^*。$$

（3）运行事件总等效时间的计算。根据式（3-19），运行事件总等效时间为

$$T^* = \frac{T_P^*}{b_1 \tau_1^* + b_2 \tau_2^*} t^*$$

2. 工作应力的确定

按照试验时间分配方法，对车辆分试验与具体试验时间进行分配，见表2-1。

表2-1　车辆分试验与具体试验时间表

试验项目	所占比例	总等效时间	发射数/行驶里程
一级路面行驶试验	q_{11}	$q_{11} T^*$	$q_{11} T^* v_1$

试验项目	所占比例	总等效时间	发射数/行驶里程
二级路面行驶试验	q_{12}	$q_{12}T^*$	$q_{12}T^*v_2$
三级路面行驶试验	q_{13}	$q_{13}T^*$	$q_{13}T^*v_3$
行驶试验	q_1	q_1T^*	$T^*(q_{11}v_1+q_{12}v_2+q_{13}v_3)$
急袭射击试验	q_{21}	$q_{21}T^*$	$(q_{21}T^*v_4)/(v_7+1)$
间歇射击试验	q_{22}	$q_{22}T^*$	$(q_{22}T^*v_5)/(v_7+1)$
等速射击试验	q_{23}	$q_{23}T^*$	$(q_{23}T^*v_6)/(v_7+1)$
射击试验	q_2	q_2T^*	$(q_{21}T^*v_4+q_{22}T^*v_5+q_{23}T^*v_6)/(v_7+1)$

3. 环境应力确定

车辆主要要考虑的试验地区包括常温区、湿热区、高寒区、高原沙漠区。根据式（3-22）~式（3-24），对车辆各地区行驶试验时间进行分配，见表2-2。

表2-2　车辆各地区行驶试验时间分配表

试验地区	所占权重	总等效试验时间	一级路行驶试验里程	二级路行驶试验里程	三级路行驶试验里程
常温区	γ_1	γ_1T^*	$\gamma_1q_{11}T^*v_1$	$\gamma_1q_{12}T^*v_2$	$\gamma_1q_{13}T^*v_3$
湿热区	γ_2	γ_2T^*	$\gamma_2q_{11}T^*v_1$	$\gamma_2q_{12}T^*v_2$	$\gamma_2q_{13}T^*v_3$
高寒区	γ_3	γ_3T^*	$\gamma_3q_{11}T^*v_1$	$\gamma_3q_{12}T^*v_2$	$\gamma_3q_{13}T^*v_3$
高原沙漠区	γ_4	γ_4T^*	$\gamma_4q_{11}T^*v_1$	$\gamma_4q_{12}T^*v_2$	$\gamma_4q_{13}T^*v_3$

对车辆各地区射击试验时间进行分配，见表2-3。

表 2 – 3　车辆各地区射击试验时间分配表

试验地区	所占比例	总等效试验时间	急袭射击试验发射数	间歇射击试验发射数	等速射击试验发射数
常温区	γ_1	$\gamma_1 T^*$	$\gamma_1(q_{21}T^*v_4)/$ (v_7+1)	$\gamma_1(q_{22}T^*v_5)/$ (v_7+1)	$\gamma_1(q_{23}T^*v_6)/$ (v_7+1)
湿热区	γ_2	$\gamma_2 T^*$	$\gamma_2(q_{21}T^*v_4)/$ (v_7+1)	$\gamma_2(q_{22}T^*v_5)/$ (v_7+1)	$\gamma_2(q_{23}T^*v_6)/$ (v_7+1)
高寒区	γ_3	$\gamma_3 T^*$	$\gamma_3(q_{21}T^*v_4)/$ (v_7+1)	$\gamma_3(q_{22}T^*v_5)/$ (v_7+1)	$\gamma_3(q_{23}T^*v_6)/$ (v_7+1)
高原沙漠区	γ_4	$\gamma_4 T^*$	$\gamma_4(q_{21}T^*v_4)/$ (v_7+1)	$\gamma_4(q_{22}T^*v_5)/$ (v_7+1)	$\gamma_4(q_{23}T^*v_6)/$ (v_7+1)

　　地区试验时序可描述为：车辆春季交付试验后，首先进行常温地区试验，其次在湿热区进行试验，再次在高寒地区进行试验，最后在高原沙漠区进行试验。

　　其他的环境条件试验时间分配方法与地区试验时间分配方法相似，不再赘述。

第3章

维修保障作战试验方案设计

要对新研车辆装备维修保障作战试验方案进行科学规划，首先应该从概念入手，弄清楚作战试验、维修保障作战试验等相关基本概念，在分析新研车辆装备使命任务和试验约束条件的基础上，明确研究对象和研究内容。

3.1 车辆装备维修保障作战试验使命任务分析

3.1.1 车辆装备使命任务

车辆装备作为地面机动平台，地位越来越突出，担负的使命任务越来越重要。

（1）车辆装备作为主战装备地面机动平台，遂行作战任务。

（2）车辆装备作为信息化装备地面机动平台，遂行作战支援任务。

（3）车辆装备作为保障装备地面机动平台，遂行作战勤务支援任务。

（4）车辆装备作为兵力机动平台，遂行作战与兵力机动任务。

另外，车辆装备还可为各类轮式装甲车辆，如轮式装甲步兵战车，兵员输送车、侦察巡逻车的发展提供底盘和总成部件。

3.1.2 车辆装备作战试验使命任务

作战试验贯穿于装备发展的全寿命周期，是装备采办管理的重要一环，是领导机关进行装备发展建设决策的主要依据。车辆装备作战试验的主要使命任务如下。

（1）严把定型列装关，确保交付部队的装备管用实用好用耐用，切实提高装备交付质量。

（2）切实摸清交付装备的战技术性能底数、作战效能底数，为装备实战化运用奠定坚实基础。

（3）切实推动试验场与战场的紧密衔接、装备建设与装备运用的有机融合，协助推动军队体制编制、战训法等战斗力要素不断创新完善。

（4）找准装备短板缺陷，进而反推装备建设需求，牵动装备论证、装备研制、装备生产和装备使用管理，保持装备建设发展的正确方向，促进装备建设发展更加科学高效。

3.1.3 车辆装备维修保障作战试验使命任务

新研车辆装备维修保障作战试验是作战试验的重要组成部分：一方面可以为作战试验综合鉴定提供维修保障方面的数据支撑；另一方面还能提供车辆装备维修保障专项测评报告，改进和提升车辆装备维修保障能力。新研车辆装备维修保障作战试验的主要任务如下：

（1）发现和鉴别新研车辆装备有关维修保障的设计缺陷，通过改进设计或保障条件提高维修性，从而使车辆装备维修性在研制、生产与使用各个阶段中得以不断增长。

（2）考核、检验新研车辆装备满足维修性（含测试性）定量与定性要求的程度，作为车辆装备鉴定或检验验收的一项重要依据。

（3）检验车辆装备在作战环境条件下和典型作战任务中的保障效能，提出相应的维修保障资源配置和建设建议，为车辆装备列装定型提供决策依据。

3.2　车辆装备维修保障作战试验约束条件分析

维修保障作战试验方案规划受到各种条件不同程度的限制，试验目的、试验环境、试验人员、试验经费和试验周期等都会对方案规划产生重大影响。

（1）试验目的。通常维修保障作战试验的目的主要包括：① 检验装备在成建制下实战运用环境中的质量特性；② 检验现有配备的维修保障资源的满足率；③ 检验现有条件下的维修保障能力；④ 找出如果装备要达到一个良好的任务效能，应该具备什么样的质量特性和保障资源。试验目的不同，规划的车辆装备维修保障作战试验方案也不相同。

（2）试验环境。一款装备应用于多个作战地域、作战方向、多种作战样式，必然要求在不同试验环境对装备进行试验鉴定。规划维修保障作战试验方案应依据不同试验环境科学合理设置试验科目。例如，在寒区部队测试车辆装备应急起动能力，在沿海部队测试车辆装备耐腐蚀能力，在戈壁沙漠测试车辆装备耐风沙能力。

（3）试验人员。试验人员能力素质高低和对装备的熟悉程度也会对试验结果产生较大影响。规划维修保障作战试验方案应考虑到试验人员的构成，明确对试验人员的基本要求，试验内容按照不同修理级别指定相应人员进行试验。被试装备参试人员要经过试验装备基础知识培训和模拟训练，了解参试装备基本结构原理、主要功能和战技术指标、维修保障基本知识、作战使用的基本方法等；熟练掌握试验装备基本操作技能。

（4）试验经费和试验周期。试验经费和试验周期是规划维修保障作战试验方案时要考虑的重要因素。对于数量比较大的试验科目可采用正交设计、均匀设计等方法进行优化。在满足评价需求的前提下，合理确定试验科目与样本量，提高试验数据采集效率，降低试验费用。根据试验科目实施的进程，合理设计与优化试验科目，确保能在规定时限内完成。

3.3　维修保障作战试验方案基本要素分析

为了统一规范，军队相关部门一般制定了相应标准规范，对作战试验方案的内容进行统一明确。内容一般包括任务概述、被试装备、考核评价内容、试验项目安排、试验条件设置、对抗及配试环境设置、数据采集要求、试验勤务保障、任务分工，以及相关附件等。

车辆装备维修保障作战试验方案的基本要素，是车辆装备维修保障作战试验方案不可或缺的重要组成部分。对车辆装备维修保障作战试验方案要素的正确理解和把握，不仅可以加强对试验方案的理解，更重要的是，维修保障作战试验方案要素是维修保障作战试验方案进行结构化研究的基础和前提，对构建车辆装备维修保障作战试验方案结构化模型有着十分重要的作用和意义。

维修保障作战试验方案是组织实施维修保障作战试验的基本依据，内容应包括试验任务中每个项目的详细试验实施细则，包含作战样式、作战任务、试验目的、试验类别、试验科目、试验人员、试验条件、试验方法、试验次数、试验数据采集、评价内容等基本要素。

（1）作战样式。作战样式是按行动方式、地形特征等不同情况，对作战类型的具体划分。按照行动方式一般可划分为阵地进攻作战、机动防御作战、反机降作战；按照地形特征一般可划分为水网稻田作战、高寒山地作战、山岳丛林作战、城镇街区作战。

（2）作战任务。作战任务是确定试验科目的基本依据。维修保障作战试验项目确定一定要基于车辆装备的使命任务，聚焦于待评价的作战任务和能力，美军称为"基于使命任务的作战试验""面向使命任务的作战试验""对关键作战问题进行试验"等。作战试验如果只依据技术参数而非面向任务的表述将出现评价偏差，基于使命任务构建指标体系通常采用自上而下的结构性分析方法，如作战任务过程分析、功能分析、树状分析等技术方法。

作战样式和作战任务在制订作战试验大纲时已经进行了全面系统的分析，并建立了评价指标体系。制订维修保障作战试验方案时无须进行重复分析，仅须与作战试验大纲保持一致，并在此基础上确定试验科目，细化指标，制订维修保障作战试验方案。

（3）试验目的。依据车辆装备作战使命任务，明确试验目的。比如某试验类别的目的是评价在远程投送任务背景下，能否完成被试品编组机动时的伴随保障以及被试品在任务中的表现。

（4）试验类别。依据维修类别，车辆装备维修保障作战试验类别可划分为五种；依据作战过程阶段，试验类别可划分为四种。

（5）试验科目。试验科目是组织实施维修保障作战试验具体内容的名称，依据作战样式和作战任务确定。

（6）试验人员。开展试验的测试人员主要是武器装备操作人员和各级维修检测人员。

（7）试验条件。主要明确试验环境和保障资源，试验环境可细分为自然环境、人工环境、电磁环境和对抗环境。

（8）试验方法。维修保障作战试验方法一般包含实装试验、仿真实验、实装与仿真相结合、问卷调查等。其中既有定性试验，也有定量试验。

（9）试验要求。有效试验次数要求满足装备试验的置信水平。

（10）试验数据采集。依据试验科目确定数据采集的方法手段和采集要求。

（11）评价内容。明确该科目对应的考核评价指标内容。

车辆装备维修保障作战试验方案要素分析如图3－1所列。

图 3－1　车辆装备维修保障作战试验方案要素分析

3.4 维修保障作战试验方案主要内容

在试验方案基本要素分析的基础上，对其中 5 个关键要素进行深入分析，给出内容确定的基本方法，更加具体地指导制定试验方案。

3.4.1 试验科目

维修保障作战试验科目确定是对试验活动的科学规划设计，对全面高效获取试验数据、减少试验成本、缩短试验周期具有重要意义。

试验科目确定是根据作战试验目的和要求得出详细、可行、科学的装备作战试验科目列表。车辆装备维修保障作战试验科目一般按步骤逐级确定。

1. 一级试验科目确定

依据车辆装备作战样式和作战任务，确定一级试验科目。如车辆以山岳丛林地、水网稻田地、高原高寒山地、城镇街区 4 种作战样式为背景，设置阵地进攻、要点夺控、通道突击和分割围歼 4 种作战任务，这样共产生 16 个一级科目。

由于一级试验科目比较多，在条件允许的情况下可以进行全面试验。如果受试验经费和试验周期的限制，考虑试验的代表性和试验收益的最大化，可以通过专家法进行优化。在确定权重并进行综合权重计算的基础上，对 16 个一级试验科目进行排序。其中，山岳丛林地、水网稻田地和高原高寒山地 3 个一级科目综合权重较大，应作为重点试验科目；而综合权重较小的山岳丛林地通道突击、水网稻田地通道突击、城镇街区通道突击、城镇街区要点夺控、高原高寒山地分割围歼 5 个一级科目建议不作为试验考核科目。一级试验科目及权重分配示例如表 3 - 1 所列。

表 3 - 1　车辆一级试验科目及权重分配表

作战环境	作战环境权重	作战样式权重				综合权重			
		××进攻	××夺控	××突击	××围歼	××进攻	××夺控	××突击	××围歼
山岳丛林地	0.25	0.3	0.2	0	0.5	0.075	0.05	0	0.125
水网稻田地	0.25	0.2	0.5	0	0.3	0.05	0.125	0	0.075
高原高寒山地	0.35	0.2	0.2	0.5	0.1	0.07	0.07	0.175	0.035
城镇街区	0.15	0.3	0.2	0	0.5	0.045	0.03	0	0.075

一级试验科目一般在作战试验大纲里面已经确定，确定维修保障作战试验科目时可直接引用，不必进行无意义的重复论证确定，重点是确定二级和三级试验科目。

2. 二级试验科目确定

构建二级试验科目的方法有很多，依据不同的分析方法，主要包括基于作战流程、基于装备作战功能、基于关键作战问题、基于试验关注点和基于维修保障类别等。

维修保障作战试验确定二级试验科目最常用的方法是基于维修保障类

别。根据车辆装备维修保障类别划分，统筹考虑其平时战备完好和战时使用要求，可生成维修保障作战试验二级试验科目。

3. 三级试验科目确定

三级试验科目一般是维修保障作战试验最底层的具体试验内容。三级试验科目一般可基于维修保障故障统计规律和影响作战效能、保障效能的关键因素确定。

3.4.2　试验人员

试验人员包含试验指导人员、试验参试人员、试验保障人员等。这里主要指作战编成内的参试人员，包含指挥员、战斗成员、战斗保障人员等。

以车辆装备维修保障作战试验为例，参试人员中对维修保障作战试验影响较大的主要有车辆驾驶员、各级修理工。这些人员的维修能力水平会对试验结果产生较大影响，因此是影响维修保障作战试验的主因素。

车辆装备维修人员一般包含汽车维修工、汽车电气维修工、汽车检测工、汽车钣金工和汽车漆工。其中，汽车维修工、汽车电气维修工分为初级、中级、高级、技师、高级技师5个等级，汽车检测工、汽车钣金工和汽车漆工分为初级、中级、高级3个等级。车辆装备操作和维修人员工种划分和等级分类如表3-2所列。

表3-2　车辆装备操作和维修人员工种划分和等级分类

工种	等级				
汽车驾驶员	初级	中级	高级	技师	—
汽车维修工	初级	中级	高级	技师	高级技师

工种	等级				
汽车电气维修工	初级	中级	高级	技师	高级技师
汽车检测工	初级	中级	高级	—	—
汽车钣金工	初级	中级	高级	—	—
汽车漆工	初级	中级	高级	—	—

车辆装备维修保障作战试验主要涉及汽车驾驶员、汽车维修工、汽车电气维修工、汽车检测工4个工种。工种依据具体的试验内容确定，确定试验人员时要按照实际作战编成定岗定位，试验科目不同，确定的试验人员也不相同。

3.4.3 试验条件

主要明确试验实施的条件，包括试验控制条件和试验资源条件两个方面。

（1）试验控制条件。试验控制条件是指试验过程中试验对象运行或工作时所处的条件，主要是环境条件。自然环境主要包括地形地貌环境、气象环境、水文环境和天时环境。装备作战试验的自然环境需根据试验装备（系统、体系）的使命任务及列装部队的作战方向分析确定，为作战试验提供试验区域基础。人工环境是指在自然环境的基础上构建的民用和军用设施。其中：民用设施主要包括房屋、桥梁等；军用设施主要包括野战工事、障碍物等。电磁环境主要包括主动和被动电磁辐射环境，重点是根据作战对象的装备工作频段、信号强度和干扰能力等模拟构建相应电磁环境。对抗环境主要包括靶标、火力威胁和战场效果等环境。

（2）试验资源条件。试验资源条件是指装备试验所需的各种支持和保障资源。维修保障作战试验需要的各类保障资源比较多，要细致周密地制定试验方案，将所需的保障资源列齐，主要有试验场地要求、靶标设置要求、测试测量要求、勤务保障要求等。

试验条件依据试验内容设定后，其中不可控的因素主要是自然环境中的气象环境和天时环境，这些不可控因素也就是维修保障作战试验的试验变量。作战行动的全天候要求武器装备要具备全天候作战的能力，通过对作战试验地域自然环境的分析，尽可能将该地域不可控的自然条件列齐，生成全天候的试验环境条件。全天候试验环境条件如表 3 - 3 所列。

表 3 - 3   全天候试验环境条件

气象＼天时	晴	雨/雪	雾霾	沙尘	风
昼间					
夜间					

3.4.4   试验方法

试验方法是进行装备维修保障作战试验活动所采用的形式与手段，既是试验活动开展的基本途径，又是达成试验目标的必由之路和推动力。维修保障作战试验的基本方法有实装试验、实装与仿真相结合试验（半实物试验）、仿真实验、问卷调查等。

（1）实装试验。实装试验具有实战贴合度好、数据可信度高等优势，但存在组织实施难、试验周期长、预算开支大等客观问题。在试验条件允许的情况下，是维修保障作战试验的第一选择。

（2）实装与仿真相结合试验（半实物试验）。实装与仿真相结合试验具备实装试验和仿真实验的优点，可在一定试验可信度条件下，最大限度降低试验难度和试验成本，能够更为客观地评价装备作战效能、保障效能、部队适用性、作战任务满足度以及质量稳定性。

（3）仿真实验。仿真实验可支持量化试验条件、设计试验、预测试验结果、仿真各种因素或输入参数变化、比较预测结果和试验结果、外推试验结果等。仿真实验具有安全性高、经济性强、易于重复、规模不限、评价方便等优势，但存在建模困难、模型可信度有待提高等问题。最新的作战试验发展趋势表明，作战试验模式已从传统的试验－改进－再试验转变为建模－仿真－试验。建模仿真在装备全寿命周期内，特别是作战试验阶段发挥的作用愈发重要。

（4）问卷调查。对于一些定性的试验科目，比如满意度评价等，一般采取问卷调查的形式收集信息。问卷调查方法的关键是调查问卷的制作。调查问卷应区分不同对象确定问卷内容。

试验方法水平选择的流程如图3－2所示。

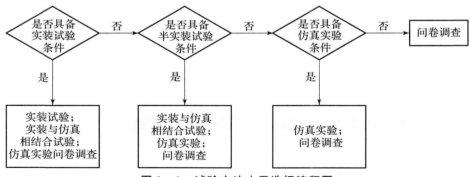

图3－2　试验方法水平选择流程图

3.4.5 试验数据采集方法

维修保障作战试验数据是试验准备、实施和综合评价的基础,获取全面可信的作战试验数据也是作战试验实施阶段的核心目的,可靠的作战试验数据能够为作战试验活动开展提供有力支撑。

试验数据采集主要明确数据采集方式。数据采集方式一般分为系统自动采集和人工采集两种。系统自动采集时,应时刻关注系统是否正常运行,并定期将数据拷贝到数据资源库;人工采集数据时,应对采集方法进行细化,依据试验内容设计相应的信息采集表,包括时间、地点、人员、设备、采集内容等。

由于系统自动采集能够实现试验过程多源数据的实时采集与存储、同步传输与显示、系统处理与分析等功能,因此系统自动采集一般作为数据采集方式的首选项。对于试验条件的采集可利用架设在试验现场的综合气象站,全程自动记录战场环境温度、湿度、风速、风向、气压、雨量等环境条件参数。还可开发专用的数据采集终端用于承载数据采集 APP 和调查问卷 APP,采集试验过程中的各种数据,实现采集过程的电子化。全程实时获取和记录车辆总线数据、车辆运动状态、实时位置、故障报警等车况信息。采集的试验数据在处理之前,一定要经过信息变换、信息传递、信息审查、信息检验等环节,处理后进入试验结果分析与评价环节。

3.5 维修保障作战试验方案规范化描述

维修保障作战试验方案规范化描述有利于格式统一、数据模块化处理，提高工作效率。维修保障作战试验方案描述形式可采用文字说明式和表格式，以下分别给出两种形式的规范化描述模板。

3.5.1 文字说明式描述方法

文字说明式描述方法示例如下。

车辆维修保障作战试验方案

1. 山岳丛林地作战试验

  1.1 试验类别1

    a）试验目的

略。

    b）试验科目

略。

    c）试验人员

略。

    d）试验条件

略。

    e）试验方法

略。

    f）试验次数要求

略。

    g）数据采集

略。

h）评价内容

略。

1.2 试验类别 2

a）试验目的

b）试验科目

……

1.3 试验类别 3

a）试验目的

b）试验科目

……

2. 水网稻田地作战试验

2.1 试验类别 1

a）试验目的

b）试验科目

……

2.2 试验类别 2

……

3. 高原高寒山地作战试验

3.1 试验类别 1

……

3.5.2 表格式描述方法

表格式描述方法示例如表 3 - 4 所列。

表 3 – 4　某型车辆维修保障作战试验方案

一级科目	试验类别	试验目的	试验科目	试验人员	试验条件	试验方法	试验次数	数据采集	评估内容
平原寒地	试验类别 1	…	1. …; 2. …; 3. …; …	××	××	××	××	××	…
	试验类别 2	…	1. …; 2. …; 3. …; …	××	××	××	××	××	…
	试验类别 3	…	1. …; 2. …; 3. …; …	××	××	××	××	××	…
	抢救抢修试验	…	1. …; 2. …; 3. …; …	××	××	××	××	××	…
丘陵山地	…	…	…	××	××	××	××	××	…
高寒山地	…	…	…	××	××	××	××	××	…

3.6 方案设计示例

按照方案规划流程方法，按步骤制定车辆的专项维修保障作战试验方案。

3.6.1 建立指标体系

车辆专项维修保障作战试验目的是检验车辆在作战环境条件下和典型作战任务中的保障效能，提出车辆编配和保障资源意见建议，为车辆列装定型提供决策依据，探索车辆装备维修保障作战试验鉴定模式。

车辆维修保障作战试验指标体系如图 3 – 3 所示。

3.6.2 构建试验方案全集

1. 确定试验科目

一级试验科目直接引用作战试验大纲的一级试验科目，如平原寒地作战试验、丘陵山地作战试验、高寒山地作战试验。

二级试验科目基于维修保障类别生成 4 个二级试验科目。

三级试验科目基于维修保障故障统计规律和影响作战效能、保障效能的关键因素确定。

车辆维修保障作战试验科目示例如图 3 – 4 所示。

2. 确定试验人员

确定影响试验的试验人员如表 3 – 5 所列。

抢救抢修
- 损伤评估与抢救抢修仿真试验
- 不同环境下常见故障修复时间
- 换件、切换、拆拼、重构、临时配套等战时抢修科目试验
- 带伤使用、改变操作方式、冒险使用等应急使用科目试验
- 装备（单装、多装备）损伤评估
- 典型部件损伤评估
- 不同环境下自救互救的方法和流程所需时间和技工资具等资源

检测诊断
- 不同环境下常见故障的检测诊断时间
- 诊断实施方案的适用性
- 诊断资源质量、品种、数量配合的合理性充足性
- 诊断设备的环境适应能力
- 检测诊断设备的通用性和野战适用能力
- 各系统故障自修复能力
- 各系统故障自诊断能力
- 各系统状况技术监测项目内容及准确性

应急保养
- 野战条件下维护保养作业方便性
- 战斗进行后应急保养作业项目、保养资源和组织分工
- 战斗进行中应急保养作业项目、保养资源和组织分工
- 不同环境机动时应急保养作业项目、保养资源和组织分工的异同
- 战斗前应急保养作业项目、保养资源和组织分工

维修保障
- 维修保障仿真试验
- 人员、技术资料、设备等维修保障资源合理性和适用性检验
- 修理制度检验
- 保养制度检验
- 维修任务分配和维修工时检验

图 3 - 3 车辆维修保障作战试验指标体系

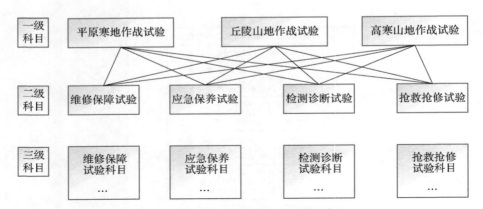

图 3 – 4   车辆维修保障作战试验科目

表 3 – 5   影响试验的试验人员

工种	等级				
汽车驾驶员	初级	中级	高级	技师	—
汽车维修工	初级	中级	高级	技师	高级技师
汽车电气维修工	初级	中级	高级	技师	高级技师
汽车检测工	初级	中级	高级	—	—

3. 确定试验条件

依据 3.4 节，确定试验条件如表 3 – 6 所列。

表 3 – 6   试验条件

气候 ╲ 天时	晴	雨/雪	雾霾	沙尘	风
昼间					
夜间					

4. 确定试验方法

逐个确定每个试验科目的试验方法。

5. 确定试验次数

此时先保持空缺,待确定试验样本量之后再进行补充。

6. 试验数据采集

建立试验数据采集表。

3.6.3 选取确定试验变量及水平

1. 选取试验变量

制作试验变量打分表,采取专家打分和指挥员打分相结合的方法,筛选影响维修保障作战试验的关键因素,确定试验变量。试验变量打分表如表3-7所列。

表3-7 试验变量打分表

你的身份是:□专家　□指挥员		请对下列每一个试验科目的试验变量影响排序 ① 试验人员　② 试验条件　③ 试验方法 ④ 试验次数　⑤ 数据采集方式	
一级科目	二级科目	科目名称	影响排序
平原寒地 作战试验	试验类别 1	…	
	试验类别 2	…	
	试验类别 3	…	
	试验类别 n	…	
丘陵山地作战试验	…	…	
高寒山地作战试验	…	…	

经打分进行权重计算后，取每一个试验科目影响排序的前三名确定为关键因素。

2. 确定变量水平

以传动皮带断裂的抢修科目为例，打分评定后确定试验人员、试验条件、试验方法为影响试验结果的关键变量。

（1）试验人员确定。按照维修级别和定岗定编，试验人员确定为汽车维修工，以初级、中级、高级、技师、高级技师5个等级作为试验变量的五个水平。

（2）试验条件确定。组织实施该试验科目受昼夜光线影响很大，同时雨雪天气也会带来一定影响。因此变量水平确定为昼间晴天、夜间晴天、昼间雨天（雪天）、夜间雨天（雪天）四个水平。

（3）试验方法确定。依据试验方法选择流程，该试验科目具备实装试验条件，因此试验方法确定为实装试验。

3.6.4　确定试验样本量

（1）规划方法确定。由于该科目只有两个试验变量，采用正交试验设计的方法进行试验设计。

（2）正交表构造。由于两个试验变量水平不相等，采用混合水平正交表。

第4章

车辆装备维修保障作战试验方案规划方法

在车辆装备维修保障作战试验方案内容确定的基础上，面临的主要问题就是"如何做"，即新研车辆装备维修保障作战试验方案的规划设计问题，本章旨在解决此问题。

4.1 基本原则

维修保障作战试验方案规划应遵循以下基本原则。

（1）贴近实战原则。试验环境构建要贴近真实作战环境，要求自然环境、对抗环境、敌方威胁等方面都要符合作战实际，确保被试装备能在近似实战条件下进行深度试验鉴定。作战运用要符合实际，车辆装备必须按照真实的编配原则、战术战法等进行应用。试验对象要有普遍代表性，承试单位和试验人员能够代表将来车辆装备列装单位的一般水平，可在不同作战地域挑选多个承试单位，试验人员新老搭配，尽量采集多个试验样本，保证数据能够真实反映车辆装备的维修保障能力。

（2）团结协作原则。方案规划时要尽量参考作战试验方案，最好结合作战试验一并进行，这样既有利于测试新型车辆的综合性能，便于对新型车辆进行综合评价，也有利于避免重复试验，节约资源，减少试验成本。

要与作战试验组织体系中相关单位和机构积极沟通协调，深入了解新研车辆装备的任务背景、保障要求、使用地域，有针对性地制定维修保障作战试验方案。组织实施维修保障作战试验可尽量利用部队训练或演习的时机，一方面可以降低试验成本；另一方面也提供了贴近实战的试验环境。

（3）仿真与实装相结合原则。维修保障作战试验主要包括实装、仿真以及实装与仿真相结合3种试验模式。随着科学技术高速发展，特别是虚拟现实技术的不断进步，仿真在维修保障作战试验中的应用愈发广泛和成熟，仿真技术带来的优势也非常明显。试验仿真一方面解决了部分试验项目无法实地开展的难题；另一方面还可反复推演，节约成本。在开始实车实装试验之前，条件允许的情况下应尽可能多地建立仿真模型，采用建模仿真技术开展维修保障作战试验，以便及早发现问题，规避风险。

4.2　一般流程与方法

维修保障作战试验方案规划是试验方案拟制与优化的过程，必须按步骤进行。维修保障作战试验方案规划流程如图4-1所示。

（1）明确试验目的，建立指标体系。装备作战试验指标体系是作战试验过程中试验设计的重要内容，是后续作战试验方案设计、实施以及结果评定的基点。一般试验目的是考察装备的综合保障性能，维修保障作战试验只是其中的一部分，维修保障作战试验可不单独建立评价指标体系，而是结合作战试验评价指标体系一并进行。同时也可以单独建立评价指标体系，进行专项的维修保障能力指标评价。

（2）构建维修保障作战试验方案全集。按照基本要素确定方法，确定维修保障作战试验方案的每一个要素。所有要素进行排列组合，建立映射

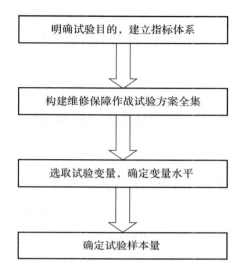

图 4-1　维修保障作战试验方案规划流程图

关系，就构建出了试验方案全集。

（3）选取试验变量，确定变量水平。一般来说，影响维修保障作战试验的变量很多，而且每一个变量的取值范围很广。在组织维修保障作战试验时，由于人力、物力、财力和时间的制约，对所有的变量和每个变量的取值范围一一进行试验是不切实际的。方案规划时只能在作战范围内选择部分有代表性的变量和变量取值范围内的若干水平。方案规划的关键就是合理选择试验变量，确定变量水平。

（4）确定试验样本量。在试验范围内，一个试验变量实际上就是试验范围内所有试验变量总体的一个样本。为减少试验次数，选取正交试验设计方法或均匀试验设计方法确定试验样本。由于每次试验均存在不同程度的误差，为了保证试验数据的准确性和有效性，依据设定的置信概率和置信限，利用均值估计确定试验重复次数。依据此方法，确定的试验样本量会非常庞大，只有在特别理想的试验条件或对试验数据要求非常精准的情况下才能采用。在大部分试验条件下，考虑到试验周期和试验成本，基于贝叶斯理论方法确定试验样本量。确定了试验样本也就形成了维修保障作战试验方案。

4.3 维修保障作战试验指标体系确定

指标体系设计是否科学合理，直接关系到试验设计科学性、数据采集完整性、试验评价可信性，直接影响作战试验质量效益。构建作战试验指标体系要坚持突出联合性、符合实战化、区分层次性、便于操作性的基本原则。

构建指标体系一般按照分析军事需求、构设装备体系、剖析任务能力、设计指标清单的步骤进行。

（1）分析军事需求。构建指标体系，首要任务是把军事需求分析清楚。以未来遂行一体化联合作战能力需求为顶层遵循，牵引指标体系开发构建，分析装备作战使命与军事需求满足程度，提出装备作战使命层面的任务满足度等相关考评指标。

（2）构设装备体系。以未来作战使用需求为牵引，以典型部队军事行动和可能作战样式为参考，遵循装备体制发展规划，提出支撑完成作战使命任务的骨干装备、配套保障装备和协同作战装备为主体的装备体系类别。

（3）剖析任务能力。以考核的装备（系统）为重点，研究典型作战任务流程和任务剖面，论证提出各流程阶段装备作战能力要求，为装备作战效能指标开发提供有效支撑和依据。

（4）设计指标清单。结合装备作战使用特点和能力需求，逐级细化和分解出相应的各项具体评价指标。

4.4 维修保障作战试验方案全集构建

根据已经确定的车辆装备作战样式和作战任务，分别确定维修保障作战试验每一个要素变量及其水平，将所有的试验变量及其水平排列组合，即构建出维修保障作战试验的方案全集。

一般通过建立多级映射关系来构建维修保障作战试验方案全集。基于多级映射的作战试验项目设计方法，其核心是建立作战任务、评价指标体系、作战任务剖面以及影响因子之间的关系。

（1）一级映射。为全面检验被试装备保障效能和部队适用性，作战试验科目通常在多种天候下进行，一级映射的目标就是建立一级试验科目与天候环境（昼间/夜间、雨天/晴天、雪天/晴天等）之间关系，从而确定试验科目的天候环境。车辆一级映射如表4-1所列。

表4-1 一级映射表

一级试验科目	天候环境				
	昼间	夜间	晴天	雨天	雾天
平原寒地					
丘陵山地					
高寒山地					

（2）二级映射。二级映射的目标就是建立二级作战试验科目与底层指标之间的关系，生成二级映射结果，从而确定不同试验科目的试验重点。二级映射过程如图4-2所示。

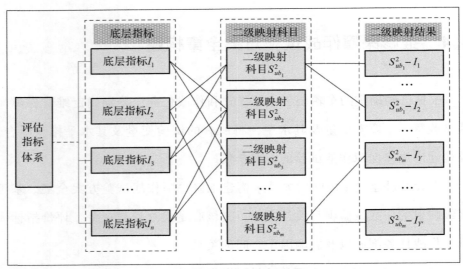

图 4 - 2　二级映射过程

（3）三级映射。三级映射的目的是建立二级映射结果与可控因子之间的关系，并确定可控因子对应的一个或多个水平，从而使试验过程更加具体、有针对性，可控因子和水平的数量由试验设计人员依据实际情况而定，最终生成处理水平。三级映射过程如图 4 - 3 所示。

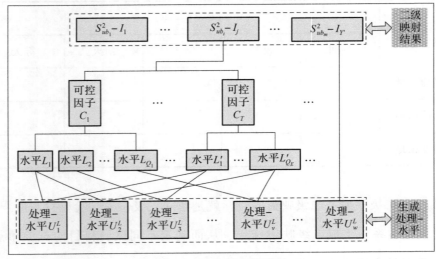

图 4 - 3　三级映射过程

毫无疑问，这个试验全集的数量是非常庞大的，需要进一步优选，减小试验规模。

4.5　维修保障作战试验变量选取与水平确定

由于维修保障作战试验涉及的试验变量及水平众多，受试验资源的限制，不可能进行全面考察。作战试验设计所要解决的就是以最少的试验资源和次数，最全面化地覆盖作战试验因素及其水平。所以应对实际问题具体分析，并根据试验目的，选出影响试验的主因素，过滤掉次要因素。为此，先对维修保障作战试验变量进行定量筛选，选取影响维修保障作战试验实施的主因素作为方案规划的试验变量，再确定主因素变量取值水平进而规划试验方案。有两点值得注意：一是针对不同的试验科目，影响试验结果的主因素有可能是不同的；二是一个试验科目不仅仅有一个主因素，可能有多个。

4.5.1　试验变量的选取

选取试验变量可通过专家打分和指挥员打分的方法，依据专家和指挥员权重综合选取试验变量。试验变量影响排序打分表如表 4 – 2 所列。

按照权重统计专家和指挥员打分情况，对试验变量影响力进行综合排序。每一个试验科目选取排名前三位的试验变量作为影响维修保障作战试验的关键因素。

表 4 – 2 试验变量影响排序打分表

你的身份是：□专家　□指挥员		请对下列每一个试验科目的试验变量影响排序： ① 试验人员；② 试验条件；③ 试验方法； ④ 试验次数；⑤ 数据采集方式	
一级科目	二级科目	科目名称	影响排序
平原寒地	试验类别 1	发动机故障检测	
		…	
	试验类别 2	检查全车油、液、气有无渗漏	
		…	
	试验类别 3	发动机起动后冒黑烟故障	
		…	
	试验类别 n	燃油箱被子弹击穿的抢修	
		…	
丘陵山地	…	…	
高寒山地	…	…	

4.5.2 水平变量的确定

（1）试验人员水平。确定维修保障作战试验试验人员水平，具体情况如表 4 – 3 所列。

表 4 – 3 试验人员水平确定

试验人员	水平				
汽车驾驶员	初级	中级	高级	技师	—
汽车维修工	初级	中级	高级	技师	高级技师
汽车电气维修工	初级	中级	高级	技师	高级技师
汽车检测工	初级	中级	高级	—	—

（2）试验条件水平。试验条件水平确定主要是试验环境条件水平的确定，依据表 3 – 3 全天候试验环境条件，试验环境条件由天候和气象两个变量组成。试验天候变量取昼间和夜间两个水平；试验气象变量依据试验地域常年气象统计规律确定，主要有晴天、雨天、雪天、雾霾、沙尘、风等几个水平。

（3）试验方法水平。试验方法水平可确定为实装试验、实装与仿真相结合试验（半实物试验）、仿真实验和问卷调查四个水平。

（4）试验次数水平。试验次数可确定为单次和多次两个水平。

（5）数据采集方式水平。数据采集方式可确定为系统自动采集和人工采集两个水平。

4.6 维修保障作战试验样本量确定

当前，维修保障作战试验方案规划最为缺失的就是如何确定试验样本量。要规划出一个好的车辆装备维修保障作战试验方案，必须在试验精度与试验开销间寻求平衡，最终目的是既达到有效探索装备维修保障系统运行规律，为设计与优化系统提供支持，又使得试验开销可以接受。确定试验样本量有两个基本出发点：一是要确保试验精度，试验数据能够充分反映车辆装备维修保障能力；二是要尽量减少试验次数，减轻试验负担，节约资源和成本。

4.6.1 设计方法的确定研究

确定设计方法既要保证方法能够有效控制试验成本，又要为后续的试验数据分析提供便利。目前，可用的试验设计方法比较多，但工程上公认有效且应用广泛的是正交试验设计和均匀试验设计。两种设计方法的基本思想都是从全面试验中抽样出有代表性的试验点进行试验，以此为基础推断任意变量、任意水平搭配条件下试验结果，从而既能反映全部试验点所蕴含的信息，又能大大缩减试验次数，减少开销。

由于正交表的正交性，正交试验设计使得最后得到的试验方案既考虑了所有试验变量的全部水平，也考虑了任意两个试验变量的所有水平，使得试验效果接近全面试验的试验效果。此外，正交表抽样出的试验点具有均衡分散、整齐可比、代表性强的特点，这为综合比较某一试验变量的变化对试验结果的影响带来便利。从对试验数据的处理方式上看，基于正交表的试验数据分析方式较为灵活，适用于常见的极差分析和方差分析等，能够用于确定主因素，也能在一定精度范围内，确定出最优参数水平组合。

均匀试验设计则单纯追求试验点在试验空间中的均衡分布，由于每个试验变量的每个水平都只做一次试验，使得试验点在试验空间中均有很强代表性，大大缩减了试验规模。但从试验数据的分析方式上看，由于所抽样出的试验点不具备"整齐可比"的特性，因此不能用于极差分析和方差分析，其数据分析手段不如正交试验设计灵活。

从减少试验规模情况看，正交试验设计包含的试验点至少是变量水平数的平方，均匀试验设计包含的试验点只是变量的水平数，两者均极大地减少了试验次数。综上，试验变量选取后，可根据关键变量数量和试验时间经费限制，灵活选择正交试验设计和均匀试验设计。

1. 正交试验设计方法

1）基本原理

正交试验设计是利用正交表来设计试验方案的一种方法。正交表一般可记为 $L_M(Q^F)$，其中，L 表示正交表，F 表示试验因素个数，体现在正交表上就是正交表的列数，Q 表示每个试验变量的水平数，M 表示试验次数，体现在正交表上就是该表的序列号。表 4 – 4 所示为正交表 $L_9(3^4)$。

表 4 – 4　正交表 $L_9(3^4)$

因素序列号	列号			
	A	B	C	D
1	A_1	B_1	C_1	D_1
2	A_1	B_2	C_2	D_2
3	A_1	B_3	C_3	D_3
4	A_2	B_1	C_2	D_3
5	A_2	B_2	C_3	D_1
6	A_2	B_3	C_1	D_2
7	A_3	B_1	C_3	D_2
8	A_3	B_2	C_1	D_3
9	A_3	B_3	C_2	D_1

从表 4 - 4 可以看出：正交表具有"正交""整齐"和"可比"三大特点。"正交"是指在正交表中，各因素水平有规律变化，且出现次数相同，对于任意两个因素间不同水平的所有组合均会出现，且出现的次数相同；"整齐"是指任意一列的各水平都出现，这使得形成的试验方案中包含了试验变量的所有水平，任意两列间的所有水平组合全部出现，使得任意两参数的试验组合都是全面试验；"可比"是指在正交表中，任意一列中各水平的出现次数都相等，任意两列间所有可能的水平组合出现的次数也相等。

基于正交表 $L_9(3^4)$ 进行三因素三水平的正交试验设计的试验空间抽样分布情况如图 4 - 4 所示。

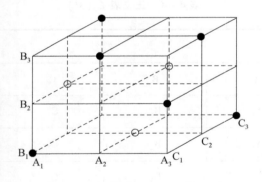

图 4 - 4　基于 $L_9(3^4)$ 的作战试验空间抽样分布

综上，基于正交表设计试验方案，具有"均衡分散"和"整齐可比"的特性。"均衡分散"使得抽样出的试验点在试验空间中是均匀分布的；"整齐可比"使得利用正交表抽样出的试验点，其每个试验变量的各个水平对评价指标的影响具有统计可比性。

常用的两水平正交表有 $L_4(2^3)$、$L_8(2^7)$、$L_{12}(2^{11})$、$L_{16}(2^{15})$、$L_{32}(2^{31})$、$L_{64}(2^{63})$，三水平正交表有 $L_9(3^4)$、$L_{18}(3^7)$、$L_{27}(3^{13})$，四水

平正交表有 $L_{16}(4^5)$ 、 $L_{64}(4^{21})$ ，五水平正交表有 $L_{25}(5^6)$ 、 $L_{125}(5^{31})$ 。

2）正交表的构造

正交表通常可借助查表的方式获取，当针对的具体问题无适用的正交表时，可根据正交表构造方法生成满足问题需求的正交表，在此基础上设计试验方案。许多学者致力于正交表构造算法的研究，常见的有 Hadmard 矩阵构造、有限域构造等，上述研究大多集中在等水平正交表的构造上。

本书重点不是研究正交表的构造算法，而是寻找正交表的快速生成算法，用于对装备维修保障作战试验方案进行规划。提出等水平正交表构造的伪码，为计算机生成正交表提供依据，如表 4 – 5 所列。

记 $L_M(Q^F) = [a_{i,j}]_{M \times F}$ ，其中， $a_{i,j}$ 表示第 i 个作战试验点的第 j 个试验变量的水平值， $a_{i,j} \in \{1, 2, \cdots, Q\}$ ， a_j 表示正交表 $[a_{i,j}]_{M \times F}$ 的第 j 列。

若 $j = 1, 2, (Q^3 - 1)/(Q - 1) + 1, \cdots, (Q^{J-1} - 1)/(Q - 1) + 1$ ，则称 a_j 为基本列，其他的列称为非基本列，其中， Q 为素数，且 $M = Q^J$ ， J 满足 $F \leqslant Q^J - 1/Q - 1$ 。

表 4 – 5   正交表生成伪码

---

1. 选择最小的 J 满足 $(Q^J - 1)/(Q - 1) \geqslant F$ 。

2. 如果 $(Q^J - 1)/(Q - 1) = F$ ，

   $F' = F$ ，否则 $F' = (Q^J - 1)/(Q - 1)$ 。

3. 按照如下步骤构造基本列：

   for $k = 1$ to J do

   $$j = \frac{Q^{k-1} - 1}{Q - 1} + 1;$$

   for $i = 1$ to Q^J do

   $$a_{i,j} = \left| \frac{i - 1}{Q^{J-1}} \right| \bmod Q$$

>   end for
>   end for
>
> 4. 按照如下步骤构造非基本列:
>   for $k = 2$ to J do
> $$j = \frac{Q^{k-1} - 1}{Q - 1} + 1;$$
>   for $s = 1$ to $j - 1$ do
> $$a_j + (s - 1)(q - 1) + t = (a_s \times t + a_j) \bmod Q$$
>   end for
>   end for
>
> 5. 对于所有的 $1 \leqslant i \leqslant M$ 且 $1 \leqslant j \leqslant F'$,逐一增加 $a_{i,j}$。
>
> 6. 删除 $L_{QJ}(Q^{F'})$ 中位于最后的 $F' - F$ 列,即得到 $L_M(Q^F)$,这里 $M = Q^J$。

根据上述正交表的快速生成算法,通过分析待考察的作战试验影响因素数量以及试验变量的变化范围,就可得到满足精度要求的正交表。

3)设计步骤

参考一般正交试验设计步骤,基于正交表的作战试验方案设计步骤如下。

(1)选择合适的正交表。在确定了试验变量及其水平后,就应选择合适的正交表。正交表选择的基本原则是:在能够安排下所有作战试验影响因素的前提下,优先选用试验开销最小的正交表,但有时为了提高试验精度,也可选用试验规模较大的正交表。一般情况下,作战试验影响因素数量应小于或等于正交表的列数,如需估计作战试验误差,作战试验影响因素数量应至少比正交表的列数小 1。

（2）表头设计。表头设计就是把作战试验影响因素正确安排到所选正交表的各列当中。因为正交表的每一列等价，可任意互换，因此当只考察作战试验变量的主效应时，其表头设计就是将待考察的作战试验变量在所选正交表中任意上列即可。当须考察作战试验变量间的交互效应时，其表头设计须按照与所选正交表对应的交互作用列表进行。

（3）制定试验方案。把正交表中安排的各作战试验变量列中的每个水平数字换成该作战试验变量的实际水平值，便得到了作战试验方案。

最后需强调的是，考虑交互效应时的正交表选择和表头设计应注意以下几点。

（1）与正交表有关的自由度。

① 正交表的自由度为作战试验点的数量减 1，即 $f_\text{表} = n - 1$，其中，n 是表的行数。

② 正交表列的自由度为水平数减 1，即 $f_\text{列} = m - 1$，其中，m 是该列作战试验变量的水平数。例如，在正交表 $L_8(2^7)$ 中，表的自由度 $f_\text{表} = 8 - 1 = 7$，任意一列的自由度 $f_\text{列} = 2 - 1 = 1$。

（2）作战试验变量及其交互效应的自由度。

① 作战试验变量的自由度为其水平数减 1。

② 作战试验变量交互效应的自由度为对应的两个作战试验变量的自由度乘积，例如，参数 B 和参数 D 都取两水平，其交互效应的自由度为 $f_{\text{B} \times \text{D}} = f_\text{B} \times f_\text{D} = 2 \times 2 = 4$。

在表头设计时须注意：

① 作战试验变量的自由度等于所在列的自由度。

② 交互效应的自由度等于所在列的自由度。

③ 所有作战试验变量及其交互效应的自由度之和小于或等于所选正交

表的自由度。

2. 均匀试验设计方法

1）基本原理

均匀试验设计是利用均匀表来设计作战试验方案的，利用均匀表进行作战试验设计的突出特点是：每个作战试验变量的每个水平只做一次试验。均匀表一般记为 $U_n(q^s)$ 或 $U_n^*(q^s)$，其中：U 表示均匀表；s 为该表的列数，表示可考察的作战试验影响因素；q 表示每个作战试验变量的水平数；n 为该表的行数，表示抽样出的作战试验点数量；$*$ 代表不同类型的均匀表，通常加"$*$"的均匀表均匀性更好。均匀表 $U_7(7^4)$ 和 $U_7^*(7^4)$ 如表 4-6 和表 4-7 所列。

表 4-6 均匀表 $U_7(7^4)$

试验号	列号			
	1	2	3	4
1	1	2	3	6
2	2	4	6	5
3	3	6	2	4
4	4	1	5	3
5	5	3	1	2
6	6	5	4	1
7	7	7	7	7

表 4 – 7 均匀表 $U_7^*(7^4)$

试验号	列号			
	1	2	3	4
1	1	3	5	7
2	2	6	2	6
3	3	1	7	5
4	4	4	4	4
5	5	7	1	3
6	6	2	6	2
7	7	5	3	1

每个均匀表都有一个附加的使用表，表示均匀表中各列所组成的作战试验方案的均匀度，用以指导如何进行表头设计。表 4 – 8 和表 4 – 9 分别是均匀表 $U_7(7^4)$ 和 $U_7^*(7^4)$ 的使用表。

表 4 – 8 $U_7(7^4)$ 的使用表

s	列号				D
2	1	3			0.2938
3	1	2	3		0.3721
4	1	2	3	4	0.4760

表 4 – 9 $U_7^*(7^4)$ 的使用表

s	列号			D
2	1	3		0.1582
3	2	3	4	0.2132

表 4 – 8 和表 4 – 9 中，D 表示均匀度的衡量标准——偏差（discrepancy），其值越小，均匀度越好。假设现考虑 2 个作战试验影响因素的均匀试验设计，由于表 4 – 6 中第 1、3 两列的偏差比表 4 – 5 更小，故优先使用均匀表 $U_7^*(7^4)$ 的第 1 列和第 3 列来设计作战试验方案。

2）均匀表的构造

均匀表通常可借助查表的方式获取，当针对的具体问题无适用的均匀表时，可根据均匀表构造方法生成满足问题需求的均匀表，在此基础上设计装备维修保障作战试验方案。目前常见的均匀表构造方法有拉丁方法、随机优化法等，上述研究大多集中在等水平均匀表的构造上。

本书的重点不是研究均匀表的构造算法，而是寻找均匀表的快速生成算法，用于对装备维修保障作战试验方案进行设计，以满足仿真分析人员的需要。参考文献［60］提出了在给定作战试验点数量 n 时，好格子点法构造等水平均匀表的伪码，为计算机生成均匀表提供依据，如表 4 – 10 所列。

表 4 – 10　均匀表生成伪码

---

1. 寻找比 n 小的整数 h，使 n 和 h 的最大公约数为 1，将符合条件的整数组成向量 $H_n = \{h_1, \cdots, h_m\}$，$m$ 由欧拉函数 $\varphi(n)$ 确定。

2. 将 H_n 作为均匀表的第一行，均匀表的 $u_{ij} = ih_j(\bmod n)$，（$\bmod n$）表示同余运算。

3. 记上述生成的表为 $U_n(n^s)$。

上面生成的均匀设计表有 n 行 s 列，即试验点为 n，试验影响因素为 s。当 n 为偶数时，m 值较小，根据方开泰的建议，可将 $U_{n+1}((n+1)^s)$ 表的最后一行去掉得到 $U_n^*(q^s)$。

3）设计步骤

基于均匀表的作战试验设计步骤同基于正交表的作战试验设计步骤类似，包括选择合适的均匀表、表头设计和制定作战试验方案三个步骤。

需注意的是，在均匀试验设计中，对作战试验变量的水平值是有要求的，要求作战试验变量的水平是等间隔连续取值的，不等间隔的水平值代入均匀表后会导致表的均匀性发生变化。此外，由于均匀表各列之间具有相关性，所以在基于均匀表 $U_n(q^s)$ 进行作战试验方案设计时，最多只能安排 $[s/2]+1$ 个作战试验影响因素（$[s/2]$ 表示不超过 $s/2$ 的最大整数）。上述两点在工程运用中常被忽略。

4.6.2　试验次数的确定

试验实施次数是同一个试验样本点重复进行的次数，对试验数据的可靠性有较大影响。车辆装备维修保障作战试验包含大量随机因子，针对同一试验点，每次试验结果具有随机性，因此每个试验点需组织多次试验来确保数据可靠性。显然，试验组织次数越多，所得到的试验数据统计值越接近真值，但消耗的试验成本也越大。试验实施次数必须要在试验精度与试验成本之间取得平衡。

1. 利用均值估计计算试验重复次数

假如试验条件理想，试验经费充足，基于设定的置信概率和置信限，利用均值估计推导试验次数。

测量精确度按系统误差 M 和随机误差 σ 分别统计，不进行综合。系统误差 M 按误差的算术平均值进行统计，随机误差 σ 按测量误差值的均方差进行统计。由于计算系统误差 M 和随机误差 σ 的 n 值相同，所以可通过系统误差（总体均值 μ）确定样本容量 n 值，即试验次数。

在样本容量的确定中必须给出允许的偏差量 ε，在总体均值 μ 和总体标准差 σ 的双边区间估计问题中，ε 是区间长度的一半。因此，ε 也称为双向偏差允许量。在均值的检验问题中，ε 通常按 σ 的百分数给出，即给出百分数 λ，使 $\varepsilon = \lambda\sigma$。

测量误差总体 $X \sim N(\mu, \sigma^2)$，样本 X_1，X_2，$\cdots$，X_n 的均值为 $\bar{X}$，则

$$\bar{X} = \frac{\sum_{i=1}^{n} X_i}{n}$$

有关资料已经证明 $\bar{X} \sim N\left(\mu, \dfrac{\delta^2}{n}\right)$，$\bar{X}$ 是 μ 的无偏估计，σ 已知，有

$$\frac{\bar{X} - \mu}{\delta/\sqrt{n}} \sim N(0, 1)$$

$\dfrac{\bar{X} - \mu}{\delta/\sqrt{n}}$ 服从标准正态分布 $N(0,1)$，不依赖于任何未知参数。测角、测距、测速等的测量误差服从正态分布，置信概率 68% 是对 $\dfrac{\bar{X} - \mu}{\delta/\sqrt{n}}$ 服从标准正态分布 $N(0,1)$ 来说的；置信限 10% 是总体均值 μ 的置信区间长度的一半（ε）与总体标准差（σ）的比值（λ），即 $\lambda = \varepsilon/\sigma = 10\%$。

按标准正态分布（置信概率为 $1 - \alpha$）的上 $\alpha/2$ 分位点 $z_{\alpha/2}$ 的定义，有

$$P\left\{ \left| \frac{\bar{X} - \mu}{\delta/\sqrt{n}} \right| < z_{\alpha/2} \right\} = 1 - \alpha$$

即

$$P\left\{ \bar{X} - \frac{\delta}{\sqrt{n}} z_{\alpha/2} < \mu < \bar{X} + \frac{\delta}{\sqrt{n}} z_{\alpha/2} \right\} = 1 - \alpha$$

于是就得到了 μ 的一个置信概率为 $1-\alpha$ 的置信区间 $\left(\bar{X}-\dfrac{\delta}{\sqrt{n}}z_{\alpha/2},\bar{X}+\dfrac{\delta}{\sqrt{n}}z_{\alpha/2}\right)$。

该区间长度的一半为 $\varepsilon=\dfrac{\delta}{\sqrt{n}}z_{\alpha/2}=\lambda\delta$，从而得到

$$n=\frac{z_{\alpha/2}^2}{\lambda^2} \tag{4-1}$$

置信概率 68%，查标准正态分布的置信系数表得，$z_{\alpha/2}=1$，令 $\lambda=10\%$，代入式（4-1）得 $n=100$；令 $\lambda=20\%$，代入式（4-1）得 $n=25$。

置信概率 99.73%，查标准正态分布的置信系数表得，$z_{\alpha/2}=3$，令 $\lambda=10\%$，代入式（4-1）得 $n=900$。

由式（4-1）可知，确定样本容量 n 值的关键是 $\alpha/2$ 分位点 $z_{\alpha/2}$ 值的获取，上述用的是查表法，也可以通过解方程得到。

利用工具软件 Mathcad 解方程 $\displaystyle\int_0^{z_{\alpha/2}}\mathrm{e}^{-\frac{t^2}{2}}\mathrm{d}t=\dfrac{1-\alpha}{2}\sqrt{2\pi}$，得到 $z_{\alpha/2}$，其结果通常比查表得到的精度高，除非标准正态分布的积分数值表做得足够详细，才会与解方程的结果精度相当。

2. 基于贝叶斯理论方法确定试验样本量

假如试验条件和试验经费有限，可基于贝叶斯理论方法减少试验次数。

贝叶斯理论方法主要采用概率论的思想，针对有些无法开展大量试验的装备，通过收集验前信息，确定验前分布，然后只需要相对少量的现场试验，就可利用贝叶斯方法得到参数的验后分布密度函数，通过这个密度函数就可以对参数进行分析与评价，检验参数是否合格。

从统计分析的角度，试验理论分为经典统计理论方法和贝叶斯统计理论方法。经典统计理论方法已经非常成熟，试验程序比较规范。随着武器

装备复杂程度和信息化程度不断提高，指标体系越来越完善，性能要求越来越高，经典统计理论面临着一些困难和挑战；同时，武器装备的继承性越来越强，多种可利用信息越来越多，贝叶斯理论在装备试验中得到广泛应用。

1）基本贝叶斯公式

贝叶斯公式由英国数学家贝叶斯提出，又被称为贝叶斯定理、贝叶斯规则，是概率统计中的应用所观察到的现象对有关概率分布的主观判断（即先验概率）进行修正的标准方法。

根据概率论中的条件概率和事件乘法法则，可以得到：

$$P(A \cap B) = P(A)P(B|A) = P(B)P(A|B)$$

其中：$P(A)$ 是 A 的先验概率或边缘概率，之所以称为"先验"是因为它不考虑任何 B 方面的因素；$P(A|B)$ 是已知 B 发生后 A 的条件概率，也由于得自 B 的取值而被称为 A 的后验概率；$P(B|A)$ 是已知 A 发生后 B 的条件概率，也由于得自 A 的取值而被称为 B 的后验概率；$P(B)$ 是 B 的先验概率或边缘概率。

以上公式可变形为

$$P(A|B) = \frac{P(B|A)P(A)}{P(B)} \tag{4-2}$$

该表达式即为贝叶斯公式。

2）离散变量条件下的贝叶斯公式

在一个随机试验中，设 A_1，A_2，$\cdots$，A_n 构成互不相容的事件完备组。如果以 $P(A_i)$ 表示事件 A_i 发生的概率，那么 $\sum_i^n P(A_i) = 1$，记 B 为任一事件，则有：

$$P(A_i \mid B) = \frac{P(B \mid A_i) P(A_i)}{\sum_i^n P(B \mid A_i) P(A_i)} \quad (i = 1, 2, \cdots, n) \qquad (4-3)$$

式中：A_i 为参数 A 的可能取值（概率论中的有穷部分）；B 为样本观测值，已知的值或已经发生的事件，即试验中发生的事件；$P(B \mid A_i)$ 为似然函数，就是 A_i 给定后样本的概率密度/分布函数，常称为样本似然函数，描述了抽样的结果与总体信息；$P(A_i)$ 为 A 取值为 A_i 的验前概率，称为验前分布密度函数；$P(A_i \mid B)$ 为验后分布密度函数，它综合了验前信息和试验所提供的新信息，这个验前信息到验后信息的转换是贝叶斯统计的特征。

3）连续随机变量条件下的贝叶斯公式

连续随机变量条件下的贝叶斯公式为

$$\pi(\theta \mid X) = \frac{f(X \mid \theta) \pi(\theta)}{\int_\delta f(X \mid \theta) \pi(\theta) d\theta} \qquad (4-4)$$

式中：$f(X \mid \theta)$ 为给定分布参数 θ 之下的 X 的概率密度函数；$\pi(\theta)$ 为 θ 的验前密度函数；$\pi(\theta \mid X)$ 为给定 X 之下的条件密度函数；δ 为参数空间。试验中，如果将 X 看作试验样本，$f(X \mid \theta)$ 就是 θ 给定后的样本密度函数，常称为样本似然函数，$\pi(\theta)$ 反映了试验之前对 θ 的认识，而 $\pi(\theta \mid X)$ 则为试验之后对 θ 概率分布特性的重新认识，称为验后分布密度。

贝叶斯公式为利用搜集到的信息对原有判断进行修正提供了有效手段。在采样之前，主体对各种假设有一个判断（先验概率），关于先验概率的分布，通常可根据主体的经验判断确定（当无任何信息时，一般假设各先验概率相同），较复杂精确的可利用包括最大熵技术或边际分布密度，以及相互信息原理等方法来确定先验概率分布。

在决策分析样本量比较小的情况下，合理应用已知信息，提高统计推断或决策的科学性。一方面结合仿真实验、装备性能试验数据以及专家分析，应用贝叶斯统计理论进行推理，科学设计实装维修保障作战试验方案。

第5章

维修保障作战试验验证环境规划问题分析

本章以装备早期/中期作战评估中的技术准备时间验证环境规划为例，以点带面对维修保障作战试验验证环境相关的概念进行分析，提出规划方案的描述模板，进而将验证环境规划问题分解为需求分析和方案优化两个具体问题，并对这两个问题的解决方法进行了分析。

5.1 验证环境相关概念

5.1.1 验证的定义

验证，是指通过提供客观证据证明规定的要求已得到满足的认定。可包括下述活动：变换方法进行计算；将新设计规范与已证实的类似设计规范进行比较；进行试验和演示；文件发布前的评审。通常在装备研制早期多采用仿真或比较分析的方法，但当产品性能的最终验证不能靠试验完成或试验费用过高时，也会采用仿真的方法。

从以上定义可以看出，验证就是指通过试验、分析、核查等活动，分析、判断其输出结果为依据与既定要求进行的事后比对、认定活动。验证时，可以根据不同的要求，选择不同的方法，各种方法验证结果的信度有所不同，所需的时间和经费也会不同。

技术准备时间是指装备在规定的条件下，从接到作战任务开始，按照技术准备的过程，完成装备的任务前检查、安装、测试等，到能开始执行任务的时间。如飞机的再次出动准备时间 TAT（Turn Around Time）、坦克的单车战斗准备时间，也称为任务前准备时间 MST（Mission Setup Time）、火炮的单炮战斗准备时间 BT（Battle Time）等。它是与装备使用保障有关的一类综合参数，是装备保障性要求的重要组成部分，体现了装备能够快速投入使用或作战的能力，不仅与装备的设计特性有关，还与计划的保障资源联系密切。技术准备时间验证是装备维修保障相关特性验证的重要内容之一，是实现技术准备时间要求的重要保证，是提升装备作战能力和保障能力的关键。

通常情况下，技术准备时间验证仅指定型阶段、部署和使用阶段的验证。但是如果到那时才开始对技术准备时间进行验证，即使发现其不能达到规定要求，更改设计的难度特别大，所需的周期也比较长，费用也非常高。因此，应当将技术准备时间验证的时机前伸，从方案设计阶段就开始验证，逐个阶段进行严格把关。这对于保证整个研制过程的顺利进行、降低研制风险、缩短研制周期具有极其重要的意义，通过在各个研制阶段进行验证，可以及时掌握和了解装备的技术准备时间，从而为装备的转阶段评审提供依据，也可以避免把上一阶段的缺陷和不足带到下一阶段，做到及时发现问题，降低研制风险，缩短研制周期。

通过上述分析可以看出，本书所说的技术准备时间验证贯穿装备的整个研制阶段，其目的并不仅是得出"合格"或"不合格"的结论，还要为装备的设计改进提供必要的意见和建议。因此，将验证定义为，为了经济、高效判断装备的技术准备时间能否达到研制总要求或合同要求而进行的试验、分析、检查等活动。它贯穿于装备的整个研制过程，是实现技术准备时间目标的有力保证。

5.1.2 验证环境的定义

验证环境是完成研制阶段技术准备时间验证工作所需的一切外部条件的总称，既包括验证所需的所有物质要素，如场地、工具、设备、设施、数据、模型、技术资料、消耗品等资源，它们直接为验证工作的顺利实施提供支持和保障，是一切验证活动正常进行的前提和基础，也是验证环境中最重要的因素；又包括一些相关的非物质要素，如需要相关的法规体系对验证活动进行具体的指导和规范，需要相关组织机构对验证活动进行有效管理等；还需要相关的专业技术人员负责具体实施。上述这些要素一起构成了技术准备时间验证的外部环境，它是一个广义的验证环境。

由于技术准备时间验证对场地的要求不是太高，现有的一些场地基本能够满足要求，技术资料一般由装备研制部门提供，各种法规体系、组织机构属于总部装备管理人员考虑的问题，工具一般随装备配备，现有的一些消耗品基本能够满足要求。本书主要研究验证环境中的物质要素。因此，将验证环境定义为，在整个研制阶段，为保障装备技术准备时间验证工作顺利实施所需的各种软硬件，主要包括设备、数据、模型等，不包括各种验证所需的技术人员，相对而言，它是一个狭义的验证环境，如图 5 - 1 所示。

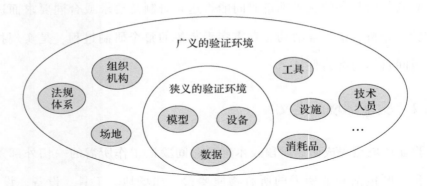

图 5 - 1 广义验证环境和狭义验证环境示意图

5.2 验证环境规划方案描述

5.2.1 规划方案的构成

验证环境规划方案是对技术准备时间验证所需的各种软硬件进行的预先选择和安排，一个完整的验证环境规划方案主要包含以下内容。

1. 验证环境的软硬件产品及技术指标

技术准备时间验证工作贯穿于整个研制过程，不同的研制阶段，验证的内容不同，各个验证内容验证时又会采用不同的方法，如方案设计阶段只能使用一些分析类的验证方法，定型阶段通常使用试验类验证方法，各种方法对资源的需求不同。验证目标不同时，对同一种资源要求的标准也不同，验证结果的信度要求越高，对各种资源要求的标准也就越高，因此在一个规划方案里，应该包括需要哪些软硬件，要具体到类别、型号，以及这些软硬件分别需要多少经费。

2. 验证环境的软硬件应用

技术准备时间是一类综合性参数，受装备技术状态和保障资源限制，不可能在研制的各个阶段都直接对其进行验证，比如在方案阶段验证装备的再次出动准备时间，此时只有设计方案，难以直接验证其再次出动准备时间是多少，这时候验证必须对其进行分解，通过验证各个工作项目的时间来确定其再次出动准备时间。另外，由于各个工作项目在整个技术准备时间中的重要程度不同，因此，没有必要在各个阶段对每一个工作项目进行验证。方案设计阶段，对于这个工作项目的时间，一是验证的难度大，到底需要多长时间，很难给出准确的定量评价结果；二是验证的意义不大，方案阶段验证与不验证，对最终的再次出动准备时间几乎没有影响，因此在方案阶段完全没有必要对它进行验证。研制各阶段具体验证哪些工作项目，还要结合验证的目标和要求，各阶段的验证内容是规划方案的重要组成部分，它是验证环境规划的基础。不同的验证内容，在不同的寿命阶段，验证时使用的软硬件也不相同，不同软硬件验证时，所需的时间和验证结果的信度也不相同，因此，验证环境规划方案，应该明确各阶段分别使用哪些软硬件、验证哪些内容，验证时需要多长时间，验证结果的信度能达到多少等。

5.2.2 规划方案描述模板

规划方案描述模板是指验证环境规划方案的样式或格式，一般包含以下五项内容。

1. 验证背景介绍

主要介绍在整个研制过程中验证具体哪种装备的技术准备时间，研制各阶段对验证结果的信度要求和验证时间的要求分别是多少，给定的验证总经费是多少。

2. 验证环境功能介绍

（1）验证环境具备哪些功能，如核查功能、工程计算功能、类比分析功能、数字仿真功能、半实物仿真功能、实装试验功能等。

（2）这些功能分别在研制的哪些寿命阶段使用，分别用于验证哪些内容。

（3）使用不同功能在研制的不同寿命阶段验证不同内容时，需要多长时间，验证结果的信度能够达到多少。

3. 验证环境软硬件介绍

（1）实现验证环境中的各种功能分别需要哪些软硬件产品，说明获取途径，如租赁、购买或新建等，如果需要新建，说明其技术方案。

（2）各种软硬件的费用说明，特别是对于需要购买或新建的软硬件，要列出详细清单，硬件要具体到部件级。具体说明可采用附件的形式。

4. 总结

建设上述验证环境，预计需要多长时间，一共需要多少经费，比原计划超支或节约多少。

5. 附件

列出各种软硬件费用的详细清单。

将以上五项内容转化为模板格式，可得到规划方案的描述模板，如表5-1所列。

表 5 - 1 研制阶段技术准备时间验证环境规划方案描述模板

装备研制阶段技术准备时间验证环境规划方案

1. 背景介绍
2. 验证环境具备的功能
   2.1 功能 1
   2.2 功能 2
       ⋮
3. 验证环境需要的软硬件
   3.1 软件 1⋯
   3.2 硬件 2⋯
4. 总结
5. 附件
   5.1 附件 1
   5.2 附件 2
       ⋮

5.3 规划方案制订问题分析

验证环境需求分析以整个研制阶段技术准备时间验证为输入，以目前工程上常用的验证技术为支撑，通过分析不同研制阶段、不同验证内容，采用不同方法验证时，需要哪些资源，并对这些资源进行汇总，从而确定整个研制阶段的验证环境的资源需求集，该问题的输入、输出和支撑条件如图 5 - 2 所示。

由前面的分析可以看出，研制阶段技术准备时间验证环境需求分析，主要包括两个问题：一是研制各阶段分别验什么，即如何确定各研制阶段的验证关键点。技术准备时间的特点和装备在整个研制阶段的技术状

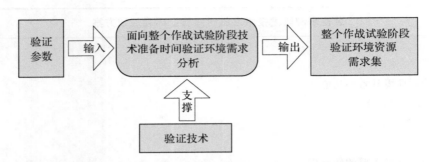

图 5 - 2 验证环境需求分析问题的输入、输出和支撑条件

态特点，决定了验证时不可能在研制各阶段直接对其整体进行验证，因此必须确定各阶段验证哪些工作项目，即验证关键点，也称为验证的关键环节。二是在研制的不同阶段验证这些关键点时需要什么样的验证环境，即包括需要哪些验证资源。验证内容和验证方法的特点研究思路如下。

1. 确定研制各阶段验证关键点的思路

（1）将技术准备时间分解到工作项目级；

（2）分析各工作项目之间的逻辑关系和每个工作项目的完成时间，确定技术准备活动关键路线上的工作项目；

（3）分析各个工作项目占整个技术准备时间的比例，结合装备技术状态特点，确定研制各阶段的验证关键点。

2. 确定验证环境资源需求集的思路

（1）分析各种验证方法的适用性和对装备技术状态的要求；

（2）分析验证时典型场景；

（3）采用基于场景的需求分析方法，分析不同研制阶段验证时对验证环境功能的需求；

（4）最后，分析出要实现这些功能都需要哪些验证资源，从而确定验证环境的资源需求集。

验证环境需求分析的流程如图 5 − 3 所示。

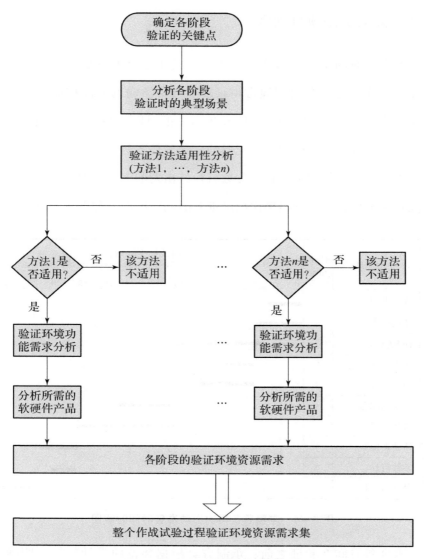

图 5 − 3 验证环境需求分析流程

5.4　验证关键点分析

5.4.1　关键工作项目确定

技术准备时间是一类综合性参数，构成和逻辑关系复杂，关联的功能系统多，一个技术准备时间通常由很多项准备活动的时间构成，如车辆装备攻击任务前准备时间，由 10 项准备活动的时间构成，这 10 项准备活动分别为数据下载、外观检查、补充燃油、加载任务数据、通电检查、加挂副油箱、填装弹药、驾驶员检查、参数自检、出发前工作。通过对其逻辑关系和时间长短分析，可以画出再次出动准备时间时线图，如图 5-4 所示。

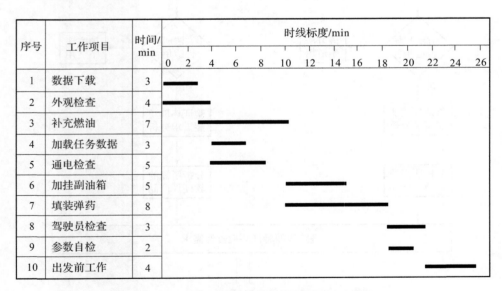

序号	工作项目	时间/min	时线标度/min
1	数据下载	3	
2	外观检查	4	
3	补充燃油	7	
4	加载任务数据	3	
5	通电检查	5	
6	加挂副油箱	5	
7	填装弹药	8	
8	驾驶员检查	3	
9	参数自检	2	
10	出发前工作	4	

图 5-4　车辆装备再次出动准备时间时线图

技术准备时间在验证之前，承制方会根据装备的设计特性，明确完成装备准备工作所需的保障设备、设施，规定装备准备活动的逻辑关系；根据装备未来的部署地域，对完成装备准备工作所需的场地要求进行说明；结合未来装配部队的编制体制和人员技术情况，明确完成准备工作所需的人员数量、专业和操作熟练程度，验证时通常以各专业保障人员的平均操作熟练程度为准。

图5-4中：序号是准备活动顺序标记；工作项目是准备活动名称；时间是完成该工作项目预计时间，在实际验证时，以实测时间为准；时线标度是衡量技术准备时间的标准；时线线段是准备活动的开始和结束时间，同时体现了准备活动之间的逻辑关系，它也是一个预计时间，验证人员以实际测量时间为准。

通过时线图可以确定完成再次出动准备工作的关键工作项目。所谓关键工作项目，就是指能够对整个技术准备时间产生直接影响的工作项目。确定关键项目可采用从后往前的顺序，首先根据最后一个工作项目找出其紧前工作项目中时间最长的一个工作项目，再根据这个时间最长的工作项目，确定它的紧前工作项目中时间最长的一个工作项目，依次类推，直到确定最开始一个工作项目，这些时间最长的工作项目就是关键工作项目。

5.4.2 验证关键点确定

上述五个关键项目中，数据下载3min、补充燃油7min、填装弹药8min、驾驶员检查3min、出发前工作4min，它们分别占再次出动准备时间的12%、28%、32%、12%、16%。数据下载工作，由于不同装备使用的数据链都基本相同，因此在不同装备的时间变化不大；驾驶员检查的具体工作是其在机械师的陪同下，检查车辆蒙皮、堵盖、起落架等外部装置，时间基本固定；出发前工作主要是清点工具、设备、放置灭火瓶等工作，这三项准备活动的时间在不同装备变化不大，并且所占比例相对较小；而补充燃油和填装弹药这两项活动在再次出动准备时间中所占比例大，并且受装备设计特性影响大，在不同装备的时间也各不相同，因此这两个工作项目是再次出动准备时间验证的关键点。所谓验证关键点，就是验证的关键环节、验证的重点，通过对关键点准备时间的验证，可以有效评价出装备的技术准备时间，特别是在装备研制早期，通过对关键点的验证，不但能够对技术准备时间进行有效监督和控制，还能提高验证的效率，节约验证经费和时间。

确定验证关键点的主要原则有两个：一是时间长，占技术准备时间比例相对较大；二是受装备自身设计特性影响较大，受人为因素影响相对较小，与同类装备相比，完成活动时间变化大。

在装备研制早期，可以把装备技术准备时间验证转化为对一些验证关键点的验证，对于非关键点，装备研制早期可以采用核查类等定型评价的方法进行验证。确定验证关键点的方法有以下五步。

第一步：对技术准备时间进行初步分解，将其转换为一系列装备准备工作项目的时间。画出技术准备时间时序图，如图 5 - 4 所示。

第二步：根据时线图确定关键工作项目。

第三步：根据每个工作项目的完成时间确定其在技术准备时间中的比例。

第四步：确定关键工作项目中占技术准备时间相对较大的工作项目。

第五步：对这些工作项目的具体工作内容逐一进行分析，并与同类装备的完成时间进行对比，确定验证关键点。

确定关键点的流程如图 5 - 5 所示。

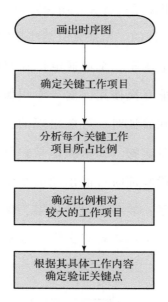

图5－5　验证关键点确定流程

5.5　验证场景分析

5.5.1　典型验证场景确定

技术准备时间除了与装备自身设计特性有关外，还与完成装备准备活动所需的保障设备有很大关系，因此，在分析技术准备时间验证对环境的需求时，不但要考虑装备的技术状态，还需要考虑保障设备的技术状态。研制各阶段验证时装备的技术状态和保障设备技术状态的组合，一起构成了装备技术准备时间验证时的场景，场景不同，对验证环境的需求也不相同。因此，在进行验证环境需求分析之前，首先应该弄清验证时的场景。研制阶段验证时的场景，主要是装备技术状态和保障设备技术状态的组合。保障设备可分为通用保障设备和专用保障设备。专用保障设备是指专门针对装备使用保障而设计的，用来完成某些特定功能。如车辆设计的电源车和专用武装车辆的电源车，车辆通电检查或启动时，只能使用相应的电源车进行保障，不能互换使用，属于专用保障设备。专用保障设备属于新研制设备，因此在验证时，可能出现的技术状态有两种：一是只有设计方案；二是有装备实物。如果验证某关键点时，计划配备专用保障设备，则整个研制阶段验证时可能出现的场景有四种：装备有设计方案，保障设备有设计方案；装备有设计方案，保障设备有实物；装备有实物，保障设备有设计方案；装备有实物，保障设备有实物。如图 5 – 6所示。

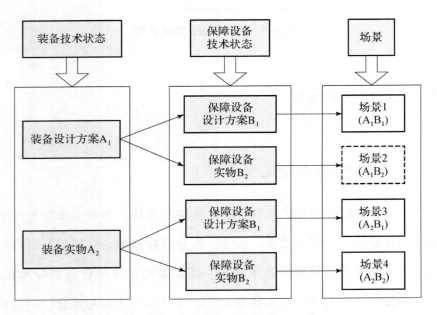

图 5 – 6 研制阶段使用专用保障设备验证时的场景

通常情况下，专用保障设备应该与装备的研制工作同步进行，这是保证装备配发部队后快速形成保障力和战斗力的需要，然而，在新装备研制实践中，专用保障设备的研制往往滞后于装备的研制，一般不会先研制专用保障设备，后研制装备。因此，场景2（A_1B_2）的情况在现实工作中通常是不会出现的，因为专用保障设备的研制进度已经超过了装备的研制进度。

通用保障设备是指已经在其他多种装备上使用的一些保障设备，或者一些已经在其他装备上使用的专用保障设备，相对于在研装备来说，都属于通用保障设备。如加油车可以为不同型号的运输车、装甲车、坦克加油。如果验证某关键点时，计划配备通用保障设备，则整个研制阶段验证时出现的场景有两种：装备有设计方案，保障设备为实物；装备为实物，保障设备也为实物。如图 5-7 所示。

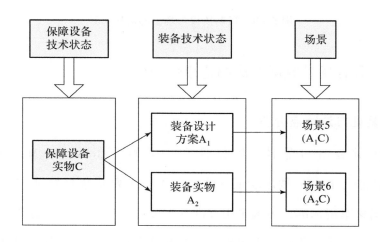

图 5-7　研制阶段使用通用保障设备验证时的场景

通过以上分析可以看出，一个型号装备的整个研制过程中，验证时，最多可能出现的场景只有五个：场景 1（A_1B_1）、场景 3（A_2B_1）、场景 4（A_2B_2）、场景 5（A_1C）和场景 6（A_2C）。这五个场景分别对应不同的研制阶段，如图 5-8 所示。

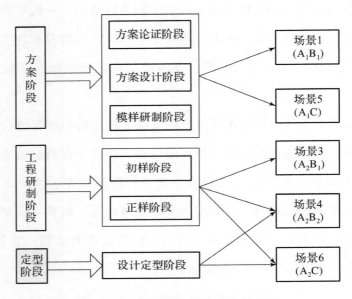

图 5 – 8   研制阶段与场景的对应关系

5.5.2   各种场景验证方法的适用性分析

1. 验证方法特点分析

以往对装备可靠性、维修性和保障性（Reliability Maintainability Supportability，RMS）要求验证方法的分类，主要是根据验证方法自身特点，如国家军用标准、美国军用标准和有关法规文件中或经订购方认可的有关国家标准或行业标准中明确规定的验证方法。由于装备技术准备时间验证时，不仅与装备自身技术状态有关，还与保障设备技术状态关联紧密。因此，本书根据装备和保障设备在验证时所处的技术状态，结合验证方法自身特点和技术准备时间要求验证特点，将目前工程上常用的验证方法分为三大类：① 无装备实物时可用的验证方法，包括检查类验证、工程计算验证、类比分析验证、数字仿真验证；② 有部分实物时可用的验证方法，包括检查类验证、工程计算验证、类比分析验证、数字仿真验证、半实物仿真验证；③ 有全部实物时可用的验证方法，包括检查类验证、工程计算验证、类比分析验证、数字仿真验证、半实物仿真验证、实装试验验证、综合验证。详细分类如表 5 – 2 所列。

表 5 – 2　装备 RMS 要求验证方法分类

技术状态	无装备实物时	有部分装备实物时	有装备实物时
适用的验证方法	检查类验证方法；工程计算验证方法；类比分析验证方法；数字仿真验证方法	检查类验证方法；工程计算验证方法；类比分析验证方法；数字仿真验证方法；半实物仿真验证方法	检查类验证方法；工程计算验证方法；类比分析验证方法；数字仿真验证方法；半实物仿真验证方法；实装试验验证方法；综合验证方法

1）检查类验证方法

检查类验证方法是指将技术准备时间的定量要求，转化为对装备关联软硬件的定性要求，通过制定和填写技术准备时间要求核对表，对设计图样、技术文件、产品模型等进行审核、审查，必要时进行简单的测量或测试，以确定装备的技术准备时间要求是否落实的一种验证方法。

使用条件：由检查类验证方法的定义可知，要用此方法验证必须具备完整的技术准备时间要求、确定装备准备活动关联的相关软硬件，以及能把技术准备时间的定量转化为对关联软硬件的定性要求等条件。

使用要求：核对表由承制方根据型号研制总要求、研制合同，以及有关规范、标准和设计准则等制定，核对表须经订购方同意，主要适用于装备的技术准备时间定性要求；所用的模型、样段、样机的构型、布局应与设计方案的构型、布局相同或基本相同。

实施步骤：根据验证对象的验证科目制定评价评分表和评分细则，填写评价评分表，对技术准备时间要求进行评价。

2）工程计算验证方法

工程计算验证方法是指装备在研制过程中，利用与装备准备活动相关联的软硬件参数，或相似产品的已有数据，按照订购方认可的计算、分析、评价模型和计算方法，进行工程计算分析或评价，以判定装备的技术准备时间要求是否满足规定要求的一种验证方法。

使用条件：完整的装备准备活动及相互间逻辑关系；有与装备准备活动关联软硬件的参数；有计算技术准备时间的经验模型，或者可以根据逻辑推理得到正确的工程计算模型。

使用要求：所用的计算、分析、评价模型、计算方法必须经订购方认可；应对方法中所使用的假设、输入数据等进行适用性审查，成立数据评审委员会，对所收集数据的可信性、可用性进行评分和确认；对验证结果进行风险评价，并作为验证报告的一项重要内容。

实施步骤：根据工程计算的经验模型建立工程计算的数学模型，代入相关参数，然后在计算平台上进行计算，最后，对计算结果进行评价。

3）类比分析验证方法

类比分析验证方法是指将待验证装备技术准备时间要求所包含的全部活动，或一部分活动同现有类似装备使用过程中包含的全部活动，或一部分活动进行对比分析，评价出待验证装备的技术准备时间。

使用条件：要有已通过验证的相似装备；全部或部分装备准备活动关联的装备功能系统要相同或相似。

使用要求：选定相似产品是本方法的前提条件，即相似产品技术准备时间包含的全部或部分活动与待验证装备包含的全部或部分活动要尽可能相同或相近，相似产品要已通过验证，并且相似装备提供的数据足以用来评定待验证装备的装备准备活动时间；对比分析着重考虑装备使用环境，如温度、湿度、保障设备设施、人员数量等，即使同一部件或单元用于不同装备时，也要充分对比分析上述各方面影响因素。

实施步骤：与类似装备的准备时间进行对比分析，评价出待验证装备的准备时间。

4）数字仿真验证方法

数字仿真验证方法是指将技术准备时间要求包含的活动用数学模型表示，再将数学模型转化为仿真计算模型，通过模型的运行达到对技术准备时间要求验证的目的。

使用条件：要有适用的数字仿真模型和将数学模型转换为仿真模型的软件；要有一定置信度的数据和验证手段。

使用要求：构建仿真模型的正确与否与建模人员掌握的装备技术准备活动组成部分的详细程度有很大关系，因此建模人员要核对清楚装备准备活动的流程等细节；装备准备活动仿真时，需要输入大量的数据，这些数据要满足仿真的精度要求；仿真模型要考虑装备在不同使用环境下的准备活动；对仿真的结果进行可信度评价。

实施步骤：把实际装备准备活动简化或抽象为数学公式或逻辑流程图；用计算机可接受的语言描述模型，即建立仿真模型；带入相关数据，进行仿真，并对仿真结果进行可信度评价。

5）半实物仿真验证方法

半实物仿真验证方法是指在仿真实验系统的回路中接入部分实物，用标准接口与半实物检测装置进行数据交换，通过半实物仿真模型的运行实现对技术准备时间要求的验证。

使用条件：要有部分实物；要有适用的半实物仿真模型和一定置信度的数据和验证手段。

使用要求：接入装备准备活动相关的部分实物可以是模型、样段、样机、产品；半实物仿真同数字仿真验证方法相比，其真实度、置信度水平更高；仿真时需要输入大量的数据，这些数据的准确性要达到半实物仿真所需的信度；半实物仿真模型要考虑装备在不同使用环境下的装备准备活动。

实施步骤：半实物仿真的实施步骤与数字仿真类似，只是在模型中加入实物，这里不再赘述。

6）实装试验验证方法

实装试验是指在实体模型、样机、产品上进行使用操作演示，或在装备实际使用环境或接近实际使用环境条件下，对装备进行的使用试验，以确定装备技术准备时间是否达到规定要求的一种验证方法。

使用条件：要有装备的实体模型、样机或产品；要有操作演示或使用试验所需的保障资源。

使用要求：演示试验验证所用的模型、样段、样机、产品的构型、布局应与验证要求的构型相同或基本相同；现场试验验证所用装备的构型、技术状态已基本稳定，已经订购方审查核定，并形成文件；现场试验所用的保障设备、工具等保障资源应同实际配备的基本相同。

实施步骤：选择符合要求的试验场地和保障设备设施，按照装备准备活动的流程进程进行实装的演示或试验，最后对试验结果进行评价。

7）综合验证方法

综合验证方法是指采用上述单一验证方法不能达到验证目的时，通过有计划地收集基于实装的试验数据，综合上述有关验证方法进行综合验证，以确定装备的技术准备时间是否满足要求的一种验证方法。同工程计算验证方法相比，综合验证方法所用的数据来源于实装试验，而工程计算所用的数据来源于工程研制过程中的有关数据。

使用条件：要有对收集的数据进行综合评价的能力；要有装备的实体模型、样机或产品；要有操作演示或使用试验所需的保障资源。

因为该方法用到上述六种方法的两种或多种，因此，该方法的资源需求、使用要求、实施步骤与选择的验证方法有关。

2. 不同场景验证方法的选取

研制阶段各种场景验证方法适用性分析，主要是根据验证场景和验证方法特点，分析各种场景验证时分别适宜采用哪些验证方法。

场景 1（A_1B_1）只有装备的设计方案和专用保障设备的设计方案，验证时只能采用无实物时的验证方法；场景 3（A_2B_1）有装备实物和专用保障设备设计方案，场景 5（A_1C）有装备设计方案和通用保障设备实物，因此这两种场景验证时可以采用有部分实物时的验证方法；场景 4（A_2B_2）有装备实物和专用保障设备实物，场景 6（A_2C）有装备实物和通用保障设备实物，验证时可采用有实物时的验证方法。各种场景适用的验证方法如表 5 - 3 所列。

表 5 – 3　使用不同保障设备时的场景

场景	无实物时的验证方法	有部分实物时的验证方法	有全部实物时的验证方法
场景 1（A_1B）	√		
场景 3（A_2B_1）		√	
场景 5（A_1C）		√	
场景 4（A_2B_2）			√
场景 6（A_2C）			√

注："√"表示该场景适用的验证方法。

5.6　验证环境资源需求分析

5.6.1　验证环境功能需求分析

在进行功能需求分析之前，首先进行用例分析，技术准备时间验证的活动者有四个，分别是订购方、承制方、军事代表、承试方。装备研制的不同阶段，验证的主体会有所不同，方案阶段验证的主体分别是订购方（军方）、承制方，目标是确保设计方案能够达到技术准备时间要求；工程研制阶段验证的主体是承制方，军事代表全程参与，目标是发现不能满足技术准备时间要求的设计缺陷；设计定型阶段验证的主体是承试单位，目的是全面检验技术准备时间要求是否达到合同值。

研制各阶段和场景有一定的对应关系，因此，可以将研制各阶段对验证环境的需求转化为各种场景对验证环境的需求，这样更有利于确定整个研制阶段所需的验证环境。假设在整个研制阶段，技术准备时间验证关键点的数量为 b（$b \geqslant 1$），其中与前 a（$0 \leqslant a \leqslant b$）个关键点关联的准备活动，计划使用专用保障设备，第 $a \sim b$ 个关键点关联的准备活动，计划使用通用保障设备。因此可以画出验证环境用例图，如图 5－9 所示。

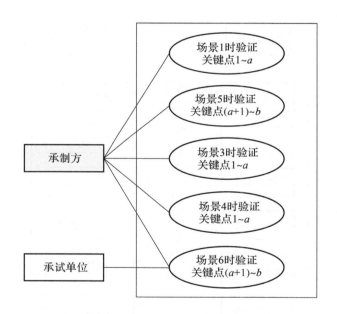

图 5－9　验证环境用例图

一个用例通常有多个解决途径，作为技术准备时间验证的解决途径，主要是采用什么验证方法验证。在验证对象确定时，验证方法不同，对验证环境的功能需求也不相同，如采用检查类验证方法，验证环境就要支持核查的功能；采用工程计算验证方法，验证环境就要有支持技术准备时间计算的功能；采用类比分析的验证方法，验证环境就要有支持类比分析的功能；采用数字仿真的验证方法，验证环境就要有支持数字仿真的功能；采用半实物仿真的验证方法，验证环境就要有支持半实物仿真的功能；采用实装试验验证方法，验证环境就要有支持实装试验的功能。验证方法和验证环境的功能是一一对应的关系，采用什么样的验证方法直接决定了验证环境应该具备哪些功能，同时，验证环境的功能又为验证活动的顺利实施提供支持。因此，验证方法和验证环境功能也是决定与支持的关系，如图 5 – 10 所示。

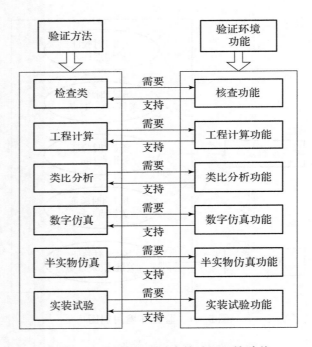

图 5 – 10　验证方法对应的验证环境功能

验证环境在实现上述功能时，根据验证对象，又可分解为一些具体的功能，如要用半实物仿真的方法验证导弹导引头的自动测试设备（Automatic Test Equipment，ATE）的测试时间，验证环境的仿真功能又分解为以下七种功能。

（1）通过对待测试程序集（Test Program Set，TPS）的分析、提炼，具有建立 TPS 对应 UUT 模型的功能。

（2）建立的被测装置（Unit Under Test，UUT）模型，能模拟在与 TPS 互动情况下的激励响应特性。

（3）建立的 UUT 模型具有与 ATE、装备、接口等交互的功能。

（4）具有评价考核 TPS 运行时间的功能。

（5）具有试验考核程序开发的功能。

（6）具有模型数据、TPS 分析数据、试验数据等管理、查询功能。

（7）具有自检功能。

根据这些功能，建设相应的验证设备（平台）时，还会提出一些具体的要求，这些指标既有定性部分，又有定量部分，根据上述这些功能可以对设备的建设提出以下原则和要求。

1）定性要求

（1）系统研制过程中将遵循"适用、可靠、先进、经济"的指导思想，降低系统成本，提高系统的性价比。

（2）遵循通用化、模块化、系列化的设计思路，选用标准的总线结构和接口，以标准测试总线构建系统硬件平台，采用组件化方式构建软件平台，使设备具有一定的通用性和可扩展性。

（3）设备研制中，优先采用成熟、先进的技术和产品，保证设备的可靠性和稳定性。

（4）系统研制过程中，将按照可靠性原则，降额使用元器件，保证系统的可靠性指标。

（5）数据处理软件按照模块化、层次化的要求设计开发，具有高度的可靠性、维护性及较强的容错性。

（6）当设备本身发生故障时，保证不影响到被测 ATE 设备的技术状态。

2）定量要求

搭建的考核验证平台应具有电源信号、中低频模拟信号、高频信号、射频信号、数字信号等激励功能。具体指标要求如下：

（1）电源信号，8 路。

（2）中低频模拟信号：频率范围为 0 ~ 100MHz。

功能分析的目的是确定验证环境中软硬资源，从而确定验证环境的建设时所需的经费等，功能分析具体要分解到哪一级，主要依据是能通过功能确定可行的技术方案，再通过技术方案确定验证环境的软硬件类型。

5.6.2　验证环境资源确定

验证环境功能确定之后，可以分解为一系列的子功能，根据这些子功能会有不同的技术方案，技术方案不同，对应的软硬件不相同，从场景到验证环境资源的确定流程如图 5 - 11 所示。

5.6.3　示例分析

下面以实现上述装备的 ATE 测试时间验证为例，进行软硬件资源需求分析，经市场调研，实现上述七个功能对应三套技术方案，不同的方案又对应不同的软硬件需求。软硬件名称、型号、生产厂商、数量、单价等参数通常采取附表的形式进行描述。技术方案 1 对应的软件、硬件分别如表 5 - 4 和表 5 - 5 所列。

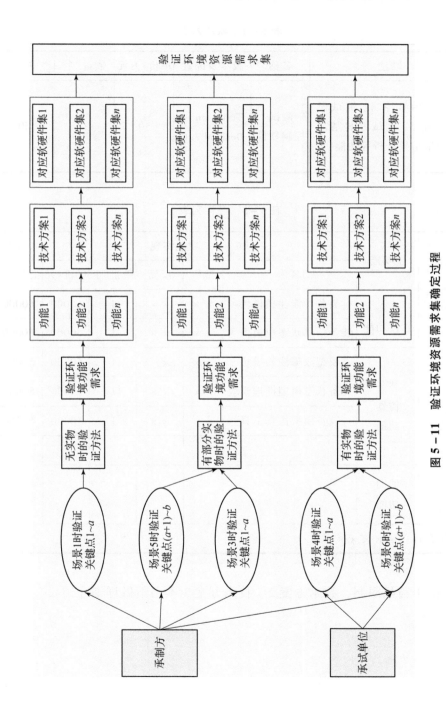

图 5 – 11 验证环境资源需求集确定过程

表 5 - 4　软件列表

功能	名称	版本及配置	单价/万元	数量/个	经费/万元
具备信号控制、测试程序集编程、测试方案制定和测试结果分析等功能	测试控制软件	Test - On - Demand 2.0	50	1	50

表 5 - 5　硬件列表

功能	子功能	功能实现					
		名称	型号	厂商	数量/个	单价/元	总价/元
半实物仿真功能	装备建模功能	装备功能建模模块	××	××	1	60000	60000
		装备信号状态建模模块	××	××	1	60000	60000
	装备仿真功能	模型故障注入模块	××	××	1	50000	50000
		装备状态模型推理模块	××	××	1	50000	50000
		装备模型仿真工具	××	××	1	50000	50000
		…					
	辅助功能	…					
费用合计：××××××元							

由于篇幅限制，技术方案 2、技术方案 3 本书不做详细介绍。

第6章

面向作战试验的车辆维修保障能力评价分析

6.1 维修保障能力

当前对维修保障能力内涵的认识不统一，有的学者认为维修保障能力就是维修保障系统的能力，有的认为面向任务的维修保障能力动态评价不关心保障资源的编制信息，因而形成了多种维修保障能力评价参数体系，不能充分发挥评价对装备维修保障建设工作的指导作用。

由于作战试验时，车辆的维修保障工作是以建制保障力量为基础进行力量的组合运用。因此，本书对维修保障能力提出如下定义：维修保障能力是指车辆/作战单元执行任务过程中表现出便于维修保障和实施维修保障的综合能力。该定义表述了以下几层含义。

1. 维修保障能力是"三大系统"相互作用后表现出的综合效果

车辆维修保障活动的主体是维修保障系统，其保障对象可能是单装，也可能是基本作战单元或更高层次作战单元的武器系统，称为保障对象系统，对于车辆的作战试验来说，就是车辆或其组成的装备作战单元。保障对象系统的可靠性、维修性、测试性等装备质量特性决定了是否便于保障。

维修保障系统依据任务和保障对象的特点进行设计建设，其各个要素依照一定的运行机制相互联系、相互作用形成的能力，称为维修保障系统的能力。

任务系统决定了车辆及其组成的作战单元的使用强度与使用环境，并对维修保障系统提出保障要求。任务驱动了装备的使用，车辆的属性和使用特点影响了维修保障系统的设计；反过来维修保障系统的运行也会影响车辆的完好状态，进而影响任务的完成。维修保障系统、任务系统、保障对象系统（车辆及其组成的作战单元）这"三个系统"的相互作用综合表现为装备作战单元在任务前和任务中的装备完好水平以及能按要求执行任务的持续水平。

2. 维修保障能力的动态性与静态性相统一

由于维修保障资源的规模、系统对资源的管理和利用方式相对稳定，维修保障系统的能力是相对稳固、静态的。但随着任务要求、环境和保障对象特性的变化，同一个维修保障系统在不同的任务中会产生不同的保障效果，即不同任务中表现出的维修保障能力不同，体现为动态的维修保障能力，这也是维修保障系统对任务要求适应性的体现。

3. 维修保障能力的层次性

试验任务的复杂程度不同，执行任务的车辆数量及其组成的作战单元通常也不同，维修保障能力随着装备作战单元的层次表现出明显的层次性。一般来说，不同层级作战单元都有其维修保障系统，它们拥有相对独立的机构编制，承担一定的保障职责，配备相应的维修保障设施、设备，储备相应的物资器材，要求人员具备相应的技术能力，并与上级作战单元的维修保障系统一起构成该作战单元完整的维修保障系统能力结构。

各级维修保障子系统能力的核心是其各类维修保障资源的服务能力，如维修人员的修理技能等，称为维修保障资源的能力，能力的大小与资源的质量、数量等属性有关。

这样，维修保障资源的能力聚合为维修保障子系统的能力，各级维修保障子系统的能力聚合为维修保障系统的能力，维修保障系统与任务系统、保障对象系统相互作用后综合体现为维修保障能力。维修保障能力在装备作战单元这个层次表现出明显的动态性，在保障系统这个层次呈现出相对稳定性。

6.2　维修保障能力评价

本书将维修保障能力评价定义为：依据车辆维修保障作战试验的目标和原则，以提高车辆实际的装备维修保障质量为标准，根据维修保障作战试验的特点，在充分利用各类维修保障评价信息的基础上，采用科学的评价方法和手段，对车辆在试验过程中所表现出的维修保障能力优劣进行判断的过程。

维修保障能力评价是车辆作战试验工作中十分重要的部分，它具有指导部队车辆维修保障工作建设的作用，通过车辆维修保障评价信息的反馈，实现对部队车辆维修保障工作的调控，以实现预期的效果。车辆作战试验过程中维修保障能力的评价作为对部队车辆维修保障实施效果优劣评判的重要手段，不仅能够判断近似实战情况下车辆维修保障工作是否满足需求，还能促使部队车辆维修保障工作更好地发展。

6.3 面向作战试验的车辆维修保障能力评价问题分析

6.3.1 评价流程

面向作战试验的车辆维修保障能力评价的具体操作程序是：确定评价对象和评价目标；构建维修保障能力评价参数体系；选择和设计评价方法；选择和构建评价模型；分析评价结果并得出相应的结论。面向作战试验的车辆维修保障能力评价流程如图 6 - 1 所示。

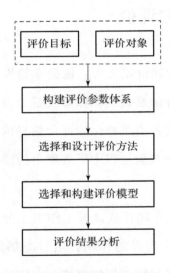

图 6 - 1 面向作战试验的车辆维修保障能力评价流程

1. 确定评价对象和评价目标

确定评价对象和评价目标是开展维修保障能力评价工作的基础。该项工作的目的是汇集并明确部队对试验中维修保障能力评价的基本目标需求，并把这种需求转化为维修保障能力的评价体系。明确评价对象和评价目标，一方面有助于评价维修保障能力的结构组成，另一方面有助于为评价参数体系的构建提供依据。

2. 构建维修保障能力评价参数体系

维修保障能力评价参数体系是根据评价对象及评价目标建立起来的，用于反映维修保障能力及其要素一方面或某些方面特征的评价参考体系。对于定量特征，一般用定量参数进行描述，建立的是评价参数体系；对于定性特征，一般用定性要求进行描述，建立的是评价要求体系。由于维修保障能力中既存在定性要求又存在定量参数，在建立定量参数体系或者定性要求体系时，为了描述方式的统一，本书统一采用参数体系进行表述。

构建参数体系是进行维修保障能力评价的前提条件。维修保障能力评价参数体系是从维修保障能力的总目标或顶层评价目标出发，根据维修保障能力评价要素的目标和功能，逐层细化、发展为子目标，最终形成整个维修保障能力的评价体系。它完整、综合地反映了维修保障能力各层次、各方面的情况。

3. 选择和设计维修保障能力的评价方法

目前可采用的定性、定量和综合评价方法很多。但是对维修保障能力评价而言，由于评价目的不同、评价对象的差异，在选择和设计评价方法时，需要选择成熟的、公认的评价方法，并注意评价方法与评价目的的匹配，以及评价方法的内在约束，掌握不同方法的评价角度与评价途径。

4. 选择和建立维修保障能力的评价模型

构建评价模型是在选择和设计评价方法的基础上，通过一系列的定性、定量模型给出维修保障能力评价体系的综合评价值。其中，各级评价指标权重的确定原则、无量纲的处理办法等都是必须要考虑的问题。

5. 维修保障能力的评价结果分析

基于评价结果分析，提出改进建议或者给出多个备选方案的评价排序。其中，改进建议可以是针对维修保障能力其中某个要素设置的建议，也可以是针对维修保障能力评价要求或评价方法的建议等。

6.3.2　基本思路

针对车辆维修保障能力评价研究创新性强、理论体系尚不完善，以及应用不足等问题，项目将在广泛调研的基础上，以概念内涵突破为先导，以车辆维修保障能力评价系统的应用实例为落脚点作为研究主线，指导开展研究工作，其总体方案如图6-2所示。

首先，开展国内外装备维修保障能力研究，结合车辆实际，确定维修保障能力的概念与内涵；其次，分析维修保障能力评价问题的研究域，明确问题的研究框架，并给出车辆维修保障能力评价研究思路；然后，开展车辆维修保障能力参数体系构建工作，主要包括参数体系构建方法和参数体系优化方法两部分内容，完成车辆维修保障能力参数体系构建及优化实例；最后，开展车辆维修保障能力评价系统研发，并投入其作战试验鉴定工作中，完成维修保障能力评价实例。

参数体系构建与优化过程主要包含参数选取、参数体系构建和参数体系优化三部分。本书采用面向任务的保障能力参数体系构建方法。首先，从作战任务分析入手，确定任务基本框架，并完成保障能力顶层参数到目标层参数的分解；其次，剖析各个目标层参数的影响因素，确定特性层参数集，构建参数体系框架；然后，根据具体装备的具体作战任务过程，选取保障能力特性参数和基础层参数，从而完成车辆保障能力参数体系的构建；接着，提出基于专家意见的参数筛选方法，构建参数筛选模型对初建

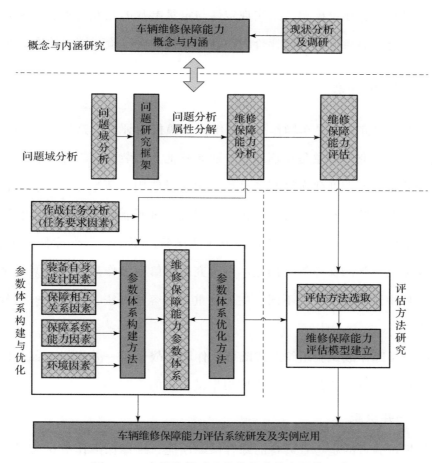

图 6 – 2　车辆作战试验维修保障能力评价思路

的参数体系进行优化，剔除反应信息重叠以及区分度低、影响弱的部分参数；最后，对优化后的参数体系进行满意度分析，确保参数体系的科学性。

　　保障能力评价工作的主要任务是寻找恰当的评价方法，建立参数体系各层级间的聚合模型，从而实现车辆保障能力的综合评价。其评价工作主要包括评价方法选取、评价模型构建和案例分析三部分。

　　在评价模型构建之前，要根据评价目标、评价对象的特点选取合适的评价方法。保障能力影响因素众多，既涉及定量参数又包含定性参数。因此，应研究构建评价模型，以实现定性与定量参数的相互转换，并实现多因子的聚合。最后针对具体评价问题进行案例分析，验证模型的准确性。

6.3.3 研究对象

本书的研究对象是车辆作战试验维修保障能力评价。这里要明确以下四点：一是研究的对象是车辆装备，而非其他类型装备；二是车辆属于新研车辆装备，所谓新研车辆装备是指首次交付使用的新型号车辆装备，即除已经列装部队的车辆装备外，正在研制或即将研制的车辆装备，它不是现有车辆的升级改进；三是维修保障作战试验，不是综合保障作战试验，不包含油料、弹药保障等；四是本书研究的维修保障作战试验方案与试验鉴定文件中试验方案有所不同，主要侧重于内容和方法，省去了一部分内容要素。

维修保障作战试验组织形式既可以伴随作战试验一并组织，也可以组织专项的维修保障作战试验，主要根据试验目的确定。

1. 一并组织

如果试验目的是考查装备的综合保障性能，维修保障作战试验只是其中的一部分，维修保障作战试验一般以无缝嵌入的方式，与其他作战试验项目统筹设计、一体开展。维修保障作战试验不再单独建立评价指标体系，而是采用作战试验评价指标体系。在作战试验评价指标体系中，维修保障作战试验主要包括保障效能 – 技术保障 – 维修保障能力和质量稳定性 – 保障特性 – 通用质量特性两部分内容。维修保障作战试验根据这两部分内容进一步细化，确定试验内容和试验方法，采集试验数据，得出维修保障作战试验评价报告，为作战试验综合评价提供支撑。这种组织形式有利于被试装备的综合性能评价，得出综合评价结果，也有利于维修保障作战试验结合作战试验统筹安排，提高试验效率。

2. 专项组织

如果试验目的是考查装备的维修保障效能，摸清其保障能力建设需求，制订配套标准规范，比如研究制定维修保障方案，一般单独组织专项的维修保障作战试验。专项的维修保障作战试验要单独建立评价指标体系，依据指标体系确定试验内容，严密组织试验，形成维修保障作战试验评价报告。

两种组织形式侧重点不同，有时同一型号装备需要分别组织两种形式的试验。两种试验应加强数据对接共享，尽量避免重复试验，节约资源成本。由于一并组织的维修保障作战试验指标体系已经建立，试验条件、试验要求、评价内容都已确定，只须确定试验科目展开试验，内容也与专项维修保障作战试验有所重复，只是专项维修保障作战试验的简化版。本书重点讨论专项维修保障作战试验。

第7章

车辆维修保障能力参数体系构建

7.1 构建原则及流程

车辆维修保障能力影响因素众多，其参数体系的构建是一项非常困难和复杂的工作。因此，构建参数体系时必须遵循一些原则，并按照一定流程，广泛吸取专家经验，着眼当前及未来发展趋势，这样才能得到可信、科学的评价参数体系，确保其能够符合车辆维修保障能力现实需求。

7.1.1 构建原则

在构建车辆维修保障能力参数体系的过程中，首先应严格遵守参数体系构建的一般原则。一是系统性原则，车辆维修保障能力评价参数的选取既要抓住主要因素，又要涵盖间接因素的影响；二是客观性原则，明确各参数，尽量避免主观臆断，同时广泛征求专家意见；三是完备性原则，建立的参数体系能够全面反映冗余；四是简明性原则，建立的参数体系要在满足评价要求的基础上尽量简洁，降低评价的复杂程度，减小不必要的工作量；五是独立性原则，要尽可能避免参数间相互关联、相互交叉的现象；六是一致性原则，要求构建的参数体系在各个时期保持一致；七是可扩展性原则，建立的参数体系应符合未来车辆发展的趋势，适应未来发展需求。此外，在构建车辆维修保障能力参数体系时，还应遵循其自身特有的原则，具体如下。

1. 紧密联系作战任务

从作战使用的角度来看，车辆维修保障能力是根据维修保障事项判断其能否满足作战任务需求。任务具有时序性，不同任务阶段，车辆系统的运转和使用方式不同，影响车辆维修保障能力的参数也就不同。例如，在远程输送阶段，车辆不涉及使用和维护，此阶段的评价无须考虑使用和维护相关的车辆性能参数，仅考虑车辆运输相关的特性即可。因此，可以从作战任务的角度对车辆维修保障能力参数进行区分，有针对性地选取符合需求的车辆维修保障能力参数。

2. 重视参数间的相互关系

车辆维修保障能力涉及车辆系统、保障系统、任务系统三个方面的众多影响因素，参数之间关系复杂，车辆维修保障能力水平的高低无法通过明确的解析式进行表达。部分车辆维修保障能力参数与其他参数的联系较少，且对车辆执行作战任务的影响较小，不影响整体作战能力的发挥。因此，在建立参数体系时，可以剔除这部分参数，同时可以降低评价模型的难度，保证参数体系及评价模型构建过程的高效。

3. 定性与定量参数相结合

不同于实验室条件下的车辆性能检测，车辆维修保障能力评价工作是在作战任务背景下评价车辆的使用和保障性能。其中，不仅包括许多可测的参数，同样包含部分难以量化的参数。因此，在选取车辆维修保障能力参数时应遵循定量参数与定性参数相结合的原则。

7.1.2 构建流程

车辆维修保障能力参数体系具有多层次、多因素等特点，构建其参数体系是一个复杂的过程。本书提出了面向任务的车辆维修保障能力参数体系构建方法，具体流程如图7-1所示。

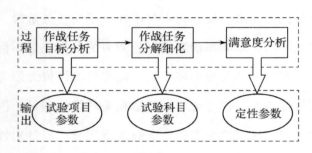

图7-1 面向任务的参数体系构建流程

（1）从宏观的角度，将作战任务按时序划分为任务阶段，并根据任务阶段将车辆维修保障能力分解为试验项目参数。

（3）针对具体车辆具体任务阶段，分别将作战任务分解为基本试验科目的组合。分析每个试验科目的任务要求，根据任务主体、任务要求、环境条件的约束确定车辆维修保障能力试验科目参数。

（2）采取调查问卷的方式，分别对各个试验任务阶段过程进行满意度调查分析，确定定性参数。

7.2 面向任务的车辆维修保障能力参数体系构建

在明确参数体系基本结构的基础上，分别确定各层次参数，从而完成车辆维修保障能力参数体系的构建。

7.2.1　确定参数体系基本结构

在构建参数体系之前，首先应该明确车辆维修保障能力参数体系的基本结构。目标结构的不同，通常会有着不同结构的评价参数体系，常见的参数体系结构包括网络型和递阶型两种，如图 7 - 2 所示。

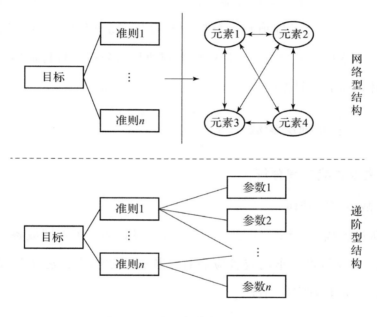

图 7 - 2　常见的参数体系结构

网络型评价参数体系，通常应用于结构比较复杂的系统或体系中，既存在递阶式的层次结构又存在支配结构，其中的任一元素（或元素集）都可能直接或间接地受到来自其他元素的支配和影响。网络型评价参数体系由两大部分组成，即控制层和网络层，控制层由决策准则以及问题目标所组成，网络层由所有受控制层支配的元素组成。

递阶型评价参数体系，是根据评价的目的，对被评价系统或体系的功能、结构和逻辑等层次进行分析，并建立相应的评价参数体系。参数体系通常具有层次结构，包括目标层、准则层和方案层 3 个层次，以此形成多层次的评价参数体系。

本书讨论内容为车辆维修保障能力，结合该问题的特点，并参考相关文献资料，确定采用递阶型参数体系。参数体系共分为 3 层：第一层为评价顶层目标，即车辆维修保障能力；第二层为准则层，按照作战任务过程中所要完成的试验类别项目，分解为与具体试验项目对应的目标参数；第三层为方案层，通过对上一层试验类别项目的分析，将目标参数分解为车辆具体的试验科目参数。

7.2.2　确定准则层参数

1. 主要作战流程分析

1）战备等级转换

部队进行战备演练、演习等完成战备等级转换，可按照战备标准逐级完成战备等级转换。车辆装备应启封，装载战备物资；建立各级指挥通联；检查车辆装备完好情况。

2）远程投送

部队快速投送进入预定作战地区，摩托化机动和铁路输送是远程投送部队的重要手段。摩托化机动时，如时间紧迫、受敌威胁较大且道路情况允许时，可单独编队机动。铁路装载时，根据铁路输送计划进行。

车辆装备向预定地域机动，机动途中对故障车辆组织自救互救；使用车载通信下达指令，并监控营行军梯队；机动途中部分车辆油料消耗殆尽，应指挥各梯队选择合适路段，组织油料补充；到预定地域附近，立即组织车辆装备隐蔽待机。

3）组织战斗

部队通常担任第一梯队战斗任务，为达成战役的突破性，有时须在夜间组织机动，在昼间发起进攻战斗。也可能担任纵深攻击梯队发起纵深快速攻击行动，可以在昼间组织机动。车辆装备组织疏散、隐蔽、伪装，派出警戒执勤；组织油料补充、弹药启封分发、装备检修维护等各类战前保障。

4）战斗实施

侦察力量先于本队出发，对预定作战地域实施侦察。主要搭载侦察人员及设备对预定作战地域内地形、道路、主要设施、兵力部署、武器装备等进行侦察，各侦察组采取卫星、电台等通信方式向情报处理组传输情报信息，情报处理组对情报信息进行融合处理，完成情报处理后上报营指。车辆装备实施机动突破，保持车载通信设备通联，运用车载武器射击前沿敌警戒阵地，乘员下车战斗后，组织车辆伪装，阵地内机动。

5）战斗转换

部队完成上级赋予的进攻战斗任务后，通常就地临时转入防御部署，待上级后续作战力量进入或超越后，根据命令集结收拢后实施机动，或在其他攻击群后跟进，随时准备遂行新的进攻战斗任务。车辆装备实施阵地内人员物资转运，保持车辆通联，调整防守力量配备，开展检修，维修保障，补充油料。

2. 平原寒地作战试验

平原寒地作战试验参数（即任务阶段中涉及的试验类别项目）如下：

（1）试验类别 1。

（2）试验类别 2。

（3）试验类别 3。

（4）试验类别 4。

3. 丘陵山地作战试验

丘陵山地作战试验参数（即任务阶段中涉及的试验类别项目）如下：

（1）试验类别 1。

（2）试验类别 2（战备等级转换）。

（3）试验类别 3。

（4）试验类别 4。

（5）试验类别 5（任务转进）。

（6）试验类别 6。

4. 高寒山地作战试验

高寒山地作战试验参数（即任务阶段中涉及的试验类别项目）如下：

（1）试验类别 1。

（2）试验类别 2（战备等级转换）。

（3）试验类别 3。

（4）试验类别 4。

（5）试验类别 5（任务转进）。

（6）试验类别 6。

7.2.3 确定方案层参数

1. 试验科目确定方法

维修保障作战试验科目确定是对试验活动的科学规划设计，对全面高效获取试验数据、减少试验成本、缩短试验周期具有重要意义。

试验科目确定是根据作战试验目的和要求得出详细、可行、科学的装备作战试验科目列表。车辆装备维修保障作战试验科目一般按步骤逐级确定。具体方法参见3.4.1节。

2. 平原寒地作战试验

1）试验类别1

参数（即试验科目）：略。

2）试验类别2

参数（试验科目）：略。

3）试验类别3

参数（试验科目）：略。

4）试验类别4

参数（试验科目）：略。

3. 丘陵山地作战试验

1）试验类别1

参数（试验科目）：略。

2）试验类别2（战备等级转换）

参数（试验科目）：略。

3）试验类别 3

参数（试验科目）：略。

4）试验类别 4

试验科目（模拟故障判断与排除）：略。

5）试验类别 5（任务转进）

参数（试验科目）：略。

6）试验类别 6

参数（试验科目）：略。

4．高寒山地作战试验

1）试验类别 1

参数（试验科目）：略。

2）试验类别 2（战备等级转换）

参数（试验科目）：略。

3）试验类别 3

参数（试验科目）：略。

4）试验类别 4

试验科目（模拟故障判断与排除）：略。

5）试验类别 5（任务转进）

参数（试验科目）：略。

6）试验类别 6

参数（试验科目）：略。

7.3 车辆维修保障能力参数体系

根据上面对车辆维修保障能力参数体系基本结构，以及目标层、准则层和方案层 3 个层次的具体参数分析，就可以得到如表 7 - 1 所列的参数体系。

表 7 - 1 车辆维修保障能力参数体系

一级指标	二级指标	三级指标
平原寒地作战试验维修保障能力	伴随保障	…
		…
	应急保养	…
		…
	自救互救	…
		…
	战场抢修	…
		…
丘陵山地作战试验维修保障能力	…	…
高寒山地作战试验维修保障能力	…	…

第8章

车辆维修保障能力评价方法

8.1 定性评价

定性评价即满意度评价，是在试验结束后，通过指挥员、驾驶员和修理工填写的满意度调查问卷，评价其对车辆维修保障的满意程度。

8.1.1 评价方法

以调查问卷收集的数据为依据，通过处理得到具体定性评价结果。具体方法如下：在试验开始前，编写调查问卷；试验结束后，将调查问卷发放给试验部队干部、驾驶员、修理工等不同类型人员，请他们填写调查问卷。将调查问卷收回后，对调查结果进行汇总统计，见表 8 - 1。对表中填写的每一个评价结论的取得次数汇总后，即可对评价结论进行以百分制为基础的分值量化，量化标准见表 8 - 2。最后计算问卷调查结果量化基础数据，填写问卷调查结果表，见表 8 - 3。

均值即为定性问题量化值，进一步可通过表 8 - 4 进行转换，得到对每个问题的定性评价结论。

表 8 - 1　调查问卷

	A 满意	B 比较满意	C 一般	D 有影响	E 不满意
问题 1					
问题 2					
…					

表 8 - 2　满意度量化对照表

问卷项	A	B	C	D	E
问题 1	100	80	60	40	20
问题 2	100	80	60	40	20
…					

表 8 - 3　满意度量化结果

	A	B	C	D	E	均值	定性结果
问题 1							
问题 2							
…							

8.1.2　满意度问卷

给出如表 8 - 4 所列的满意度量化标准，在此基础上设计车辆作战试验（维修保障）满意度调查问卷，问卷的格式、内容可根据具体装备类型和试验关注点灵活设置。

表 8 – 4　满意度量化标准

序号	分值区间	评价等级	说明
1	(80，100]	满意	达到了预期结果
2	(60，80]	比较满意	基本达到了预期结果
3	(40，60]	一般	没有完全达到预期，但基本实现了主要目标
4	(20，40]	有影响	通过外部助力，可以实现主要目标
5	[0，20]	不满意	无论如何也无法实现主要目标

8.2　定量评价

定量评价即试验科目评价，是在试验结束后，根据确定的各试验科目的评价标准，评价每个试验科目所用时间是否满足任务需要的程度。

8.2.1　评价方法

首先对同一试验科目的多次试验数据取均值：

$$\bar{x} = \frac{\sum_{i=1}^{n} x_i}{n}$$

式中：$\bar{x}$ 为数据均值；x_i 为第 i 次数据采集值；n 为试验数据采集次数。

再将多次数据均值 $\bar{x}$ 与该试验科目的标准值进行比较，得到评价结果。

（1）效益型数据：

$$
s = \begin{cases} 100, & \bar{x} \leqslant r \\ \left(1 - \dfrac{\bar{x} - r}{r}\right) \times 100, & r < \bar{x} \leqslant 2r \\ 0, & \bar{x} > 2r \end{cases}
$$

式中：s 为评定成绩；$\bar{x}$ 为数据均值；r 为标准值。

（2）成本型数据：

$$
s = \begin{cases} 100, & \bar{x} \geqslant r \\ \dfrac{\bar{x}}{r} \times 100, & \bar{x} < r \end{cases}
$$

式中：s 为评定成绩；$\bar{x}$ 为数据均值；r 为标准值。

8.2.2　评价标准问卷

通过调查问卷的方式获取各试验科目指标的评价标准，问卷的格式、内容可根据具体装备类型和试验关注点灵活设置。

8.3　仿真评价

8.3.1　仿真评价思路

车辆维修保障能力作战仿真评价，通过模拟装备维修保障系统的运作过程，分析其运作效果，评价该型车辆维修保障系统有效性的优劣，其仿真评价的基本思路如图 8－1 所示。

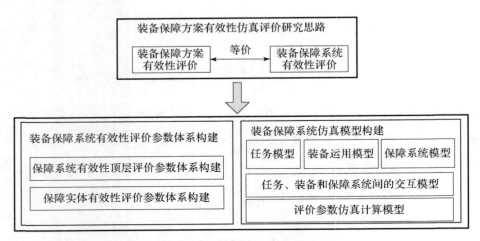

图 8-1　维修保障能力作战仿真评价思路

由图 8-1 可知，基于仿真方法的维修保障能力试验，需要解决两个方面的问题：一是试验参数体系的构建问题；二是仿真模型的构建问题。

针对试验参数体系的构建问题，一方面需要试验保障系统总体运行的有效情况，可以从任务成功性和装备完好性两个保障系统总体运行要求对试验参数体系进行构建；另一方面需要试验保障系统各个保障实体运行的有效情况，可以根据各个保障实体的特点分别对试验参数体系进行构建。

针对仿真模型的构建问题，由于仿真的目标是模拟维修保障系统的运作过程，而维修保障系统本身是不会自运行的，所以本仿真实验方案提出以作战任务牵引装备的使用，装备的使用又牵引维修保障系统的运行，进而模拟出整个维修保障过程。因此需要构建任务模型、装备运用模型、保障系统模型，以及这三个系统间的相互运作模型。此外，针对选定的试验参数，还需要建立试验参数的计算模型。图 8-2 是维修保障仿真实验系统仿真运行逻辑图。

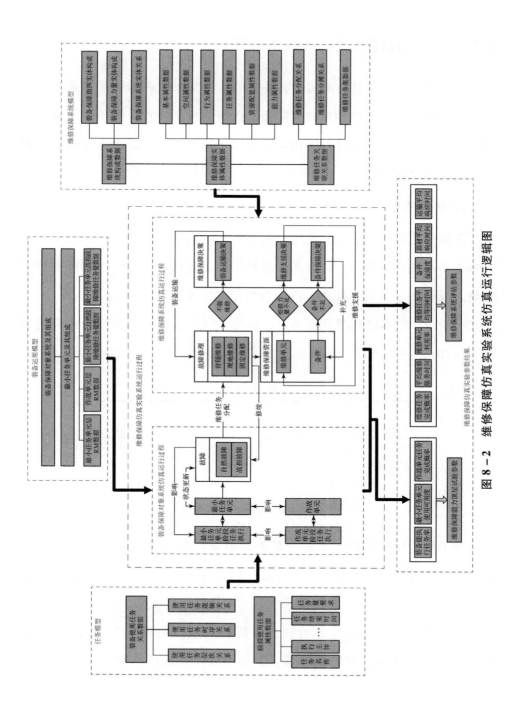

图 8 - 2 维修保障系统仿真实验运行逻辑图

8.3.2　维修保障系统仿真概念模型

作战任务牵引着装备的运用，装备的运用又牵引着维修保障系统的运行。围绕基于仿真方法的维修保障系统运行的模型需求，分析建立任务模型、装备运用模型以及维修保障系统模型。这里给出的是维修保障系统相关的仿真概念模型。

1. 任务模型

作战任务驱动着装备的使用，而装备的使用就会产生故障，进而产生维修需求和供应需求等，以此激励维修保障系统的运转，通过保障系统的运转，反作用于装备的使用，进而影响作战任务的完成。

对于一个战术级作战任务而言，可用时间上连续的阶段任务仿真模型表示，如图 8 – 3 所示。

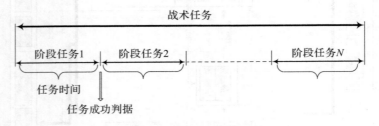

图 8 – 3　作战任务示例

对于每个任务阶段，需要清楚地知道阶段任务的开始时间和结束时间，以及阶段任务完成的成功判据（如装备完好性要求）等任务参数信息。

以部队执行某作战任务为例，分析得到关键阶段任务为等级转换、远程投送、通道封控和阵地转移，由此可以建立起任务模型，如图 8 – 4 所示。

图 8 - 4　某作战任务建模

2. 装备运用模型

作战单元一般下属多个装备基本作战单元，在某个阶段任务执行过程中，所动用的各个基本作战单元之间存在着一定的任务逻辑关系，而各个基本作战单元中所属装备的使用会产生损伤，进而产生维修和器材需求，此外，器材的需求又会引起对供应的需求，这些需求直接激励着维修保障系统的运行。下面重点讨论如何构建装备的使用模型。

1）作战单元任务逻辑关系模型

战术级作战单元一般包括多个装备基本作战单元，每个基本作战单元都是一个不可分割的整体。如旅作战单元一般包括多个营装备基本作战单元，如图 8 - 5 所示。而一个作战任务包括多个时间上连续的阶段任务。对于不同的任务阶段而言，可能会动用不同的多个装备基本作战单元，这些基本作战单元之间又会以一定的逻辑关系组合，共同完成该阶段任务。

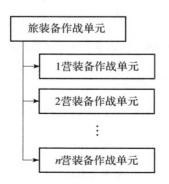

图 8 - 5　作战单元层次结构

在一定的假设条件下，各装备基本作战单元间的逻辑关系在这里简化为与、或两种关系及其混合关系，如表 8-5 所列。

表 8-5　基本作战单元间的任务逻辑关系

逻辑关系节点	符号	语义
"与"型	&	基本作战单元之间在逻辑上是"与"的关系
"或"型	O	基本作战单元之间在逻辑上是"或"的关系

以旅作战单元为例，假设该旅下属 5 个营，在某个任务阶段，各营的关系是"与"的关系，由此可以建立起该任务阶段的作战单元任务逻辑关系模型如图 8-6 所示。

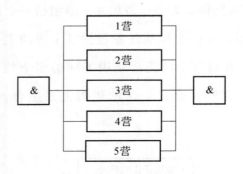

图 8-6　作战单元任务逻辑关系示例

2）装备运用产生的需求模型

装备运用产生的与维修活动相关的需求模型主要包括维修任务需求模型、器材需求模型和供应需求模型。

维修需求包括自然故障和战损故障两方面引起的需求。维修任务需求模型如表 8-6 所列。

表 8 − 6　维修任务需求模型

维修任务名称	故障类型（自然/战损）	维修级别	所需维修资源						维修时间	产生概率
			人员		设备		器材			
			类别	数量	类别	数量	类别	数量		

器材需求模型如表 8 − 7 所列。

表 8 − 7　器材需求模型

器材名称	申请单位	需求数量			产生概率
		基数	发数	重量/吨	

器材供应可根据器材需求获得。器材供应需求模型如表 8 − 8 所列。

表 8 − 8　器材供应需求模型

接收单位	运输任务			起止地点	运距/千米	完成时限	需要车辆		
	品名	数量	单位				车型	车数	车次

3. 维修保障系统模型

要构建维修保障系统模型，须首先分析得到维修保障系统都进行哪些维修活动，进而才能指导所需构建的模型。

维修保障系统活动是各级装备指挥机构和保障部（分）队为达到既定的战备完好性和任务持续性目标而开展的各项工作。按照工作内容的不同，维修保障系统活动可分为装备使用保障活动和装备维修保障活动两部分。装备使用保障活动中涉及为保证装备正确操作使用以便充分发挥其作战性能所进行的装备封存与启封、存储与运输、弹药补充等活动。装备维修保障活动涉及为保持和恢复装备完好的技术状况所进行的装备指挥、装备维修、器材保障、装备运输、通信、防卫等活动，维修保障系统各项活动又可以进一步分解。图8-7给出了维修保障系统的主要活动。

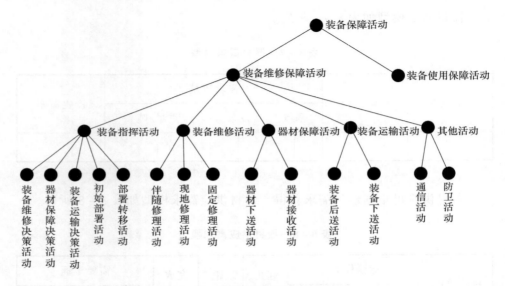

图 8 - 7　维修保障系统的主要活动

1）装备指挥活动

装备指挥活动是维修保障指挥员及其机关运用维修保障力量，保障部队作战及其他军事行动所进行的一系列组织领导活动，通常由预测、决策、计划、协调、控制构成一个相对完整的周期。其中，装备指挥决策活动是装备指挥活动的核心，是完成维修保障任务的关键。装备指挥决策活动主要分为装备维修决策活动、器材保障决策活动和装备运输决策活动等。装备维修决策活动可以进一步细分为装备维修申请决策活动、装备维修支援（撤回）决策活动、装备维修接替决策活动等；器材保障决策活动可以进一步细分为器材申请决策活动、器材越级供应决策活动、器材接替供应决策活动等；装备运输决策活动可以进一步细分为装备运输申请决策活动、装备运输支援（撤回）决策活动、装备运输接替决策活动等。

2）装备维修活动

装备维修活动是装备维护活动和装备修理活动的统称，其按照维修力量的组织形式划分为固定维修活动、现地维修活动和伴随维修活动。固定维修活动是指依托装备修理厂（车间）等不具有机动性的维修机构和设施等，在固定的地点对装备进行维修的活动，这种方式适用于对装备进行维修级别较高的修理，以及损坏严重、修复时间较长的装备。现地维修活动是组织维修力量直接到部队据守的阵地对装备进行维修的活动，这样可以减少装备后送任务，缩短装备待修时间，通常适用于对装备进行中修与小修等工作。伴随维修活动是依托基层级维修力量跟随部队行动，随时对损坏或故障装备进行维修的活动，通常适用于对装备进行日常维护和小修等工作。

3）器材保障活动

器材保障活动是指对装备、器材维修用零备件的筹措、储备、补给等一系列活动。器材保障活动为装备维修活动提供物质基础。战时器材保障活动主要是根据部队任务和武器装备实力，或上级规定的储备标准和消耗标准，采取上级计划供应和下级主动申请相结合的方法实施。器材保障活动类型可分为器材下送活动、器材接收活动等。器材下送活动是器材保障力量根据相应指示，将供应器材运输至申请单位所进行的器材出库、装载、机动下送、卸载等活动的总称。器材接收活动是当申请器材到达并卸载完成后，器材保障力量组织人力和物力进行的器材归类、入库、上架等活动的总称。

4）装备运输活动

装备运输活动是指为故障装备或修竣装备提供运力，促使相应装备在空间上发生转移的一系列活动。装备运输活动按照运输装备的方向可分为装备后送活动和装备下送活动。装备后送活动是指装备运输力量将故障装备从配置地域转移至维修地域的过程；装备下送活动是指装备运输力量将修竣装备从维修地域转移至配置地域的过程。

5）其他活动

装备维修保障其他活动包括防卫、通信等活动。

通过上述分析，维修保障系统模型须主要建立保障指挥模型、维修过程模型、器材接收模型和器材下送模型。

1）保障指挥模型

图 8 - 8 所示为一个维修请示指挥模型示例。当有维修请示时，首先确定是否为顶层指挥单元，如果是，直接确定任务承担单元，进而确定完成方式；如果不是，判断是否属于本级力量承担的任务，如果是，确定任务承担单元，进而确定完成方式，否则结束。

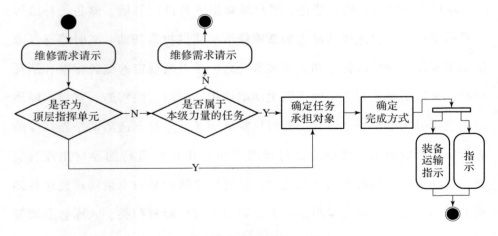

图 8 - 8　维修请示指挥模型示例

2）维修过程模型

图8-9所示为一个固定维修过程模型示例。当有固定修理指示和装备到达报告时，判断维修力量是否展开，若处于展开状态，则判定是否需要器材，若处于非展开状态，则进入维修等待，并判断是否需要维修支援以及维修支援申请；当判断是否需要维修器材时，如果不需要，则进行原件维修，如果需要，则判断器材是否满足，如果满足，则进入换件修理，如果不满足则进入器材等待，并进行相应的器材申请。

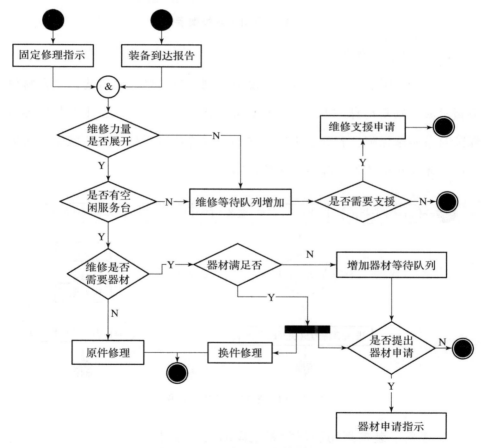

图8-9　固定维修过程模型示例

3）器材接收模型

图 8 - 10 所示为一个器材接收模型示例。当接收到器材到达报告后，统计器材的消耗情况，并根据消耗情况对器材进行分流，一部分送往器材库存储，一部分则分配给作战装备，填充器材的消耗，最后上报器材接收报告。

图 8 - 10 器材接收模型示例

4）器材下送模型

图 8 - 11 所示为一个器材下送模型示例。当器材保障机构接到器材供应指示后，判断自身是否处于展开状态，若处于展开状态，则对相应器材保障对象实施保障；若处于未展开状态，则等待器材保障机构状态变为展开后，才对相应器材保障对象实施保障。

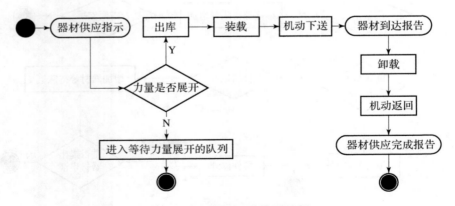

图 8 - 11 器材下送模型示例

4. 任务、装备运用和保障系统间的交互模型

任务、装备运用和保障系统之间的交互模型，如图 8 - 12 所示，作战

任务向前推进过程中，装备的使用触发保障系统按照保障系统模型规定的流程进行运转，在这个交互过程中，作战单元通过装备完好要求判断阶段任务是否成功，进而又影响任务系统的继续推进。

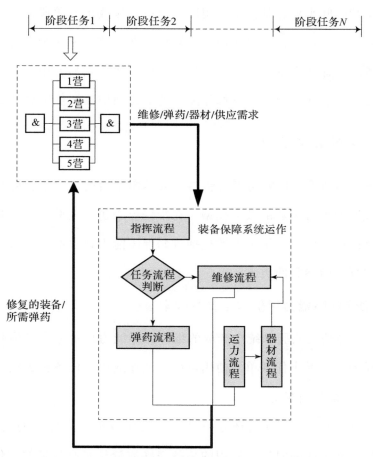

图8-12　任务、装备和维修保障系统间的交互模型示例

8.3.3　仿真评价参数体系

在维修保障仿真实验系统中用来对各层次维修保障方案进行评价的维修保障仿真评价参数分为维修保障能力评价综合参数和维修保障系统仿真

实验参数两类，共 10 种。

在装备系统和维修保障系统运行过程中，根据装备完好数量的变化计算各作战单元的装备能执行任务率；根据最小任务单元在各阶段任务中各状态的持续时间来计算其使用可用度；通过各作战单元阶段任务及总任务的完成情况来计算其任务完成概率。同样，在维修保障系统运行过程中分别计算各维修保障系统仿真实验参数。经过多次仿真后，由仿真评价成员统计计算各层次作战单元和维修保障系统的各项仿真评价参数结果。

8.3.4 参数数学模型

任务空间的维修保障仿真实验参数数学模型指的是维修保障仿真实验系统中选取的评价参数的数学模型。在维修保障仿真实验系统中选取的用来评价维修保障效果的评价参数包括维修保障能力评价综合参数和维修保障系统仿真实验参数两类。

1. 维修保障能力评价综合参数数学模型

维修保障仿真实验系统中选取的维修保障能力评价综合参数包括装备能执行任务率、最小任务单元使用可用度和作战单元任务完成概率。

1）装备能执行任务率

作战单元的装备能执行任务率（P_r）是作战单元完好性的概率度量，它是作战单元中能随时进行使用的装备完好数量与实有数量的比值，通常用百分数表示，主要用以衡量作战单元的技术现状和管理水平，以及作战单元对作战、训练、执勤等使用任务的能保障程度。

$$P_r = \frac{n}{N} \times 100\%$$

式中：n 表示作战单元当前完好的装备数；N 表示作战单元装备总数。

2）最小任务单元使用可用度

在装备运用系统概念建模中，将最小任务单元作为装备运用系统的一个功能整体。在最小任务单元执行任务的过程中，其状态是根据其组成部分的功能逻辑关系来判断的，即其各个组成部分按照一定的功能逻辑关系能够满足任务执行要求，则最小任务单元就处于可用状态；反之，一旦这些组成部分的整体性能下降到不能满足任务功能的程度时，最小任务单元就会发生故障，从而转换到不可用状态。最小任务单元的使用可用度代表当需要最小任务单元执行装备使用任务时能够正常工作的程度，是一种与可工作时间和不可工作时间有关的稳态可用度参数。A_o 的表达式为最小任务单元可工作时间与可工作时间、不可工作时间之和的比，用百分数表示，即

$$A_o = \frac{U}{U+D} \times 100\%$$

式中：U 表示可工作时间；D 表示不可工作时间。

3）作战单元任务完成概率

维修保障仿真实验系统中，各层次作战单元按照其各自任务模型来执行作战想定中的各阶段任务，各阶段任务共同构成了作战单元的总任务。这里的作战单元任务指的是某一个具体的任务，可以是某个任务阶段，也可以是作战想定中该作战单元的总任务。任务完成概率（P_m）是任务持续性的概率度量，反映作战单元完成特定任务的能力，是作战单元任务成功完成次数和任务执行总次数的比值，通常用百分数来表示。从作战单元任务完成概率的公式可以分析出，作战单元任务的执行次数与仿真次数有关。

$$P_m = \frac{n_s}{N} \times 100\%$$

式中：n_s 表示任务成功完成的次数；N 表示任务执行总次数。

2. 维修保障系统仿真实验参数数学模型

维修保障系统仿真实验参数用以反映维修保障系统的维修保障能力，在维修保障试验系统中选取的维修保障系统试验参数有维修任务完成概率、平均维修服务时间、维修单元利用率、维修任务平均等待时间、备件保障度、器材平均响应时间和运输平均响应时间。

1）维修任务完成概率

维修任务完成概率（P_{smc}）是反映维修保障系统维修任务成功性参数，各级维修保障力量的维修保障单元均应选取这一评价参数。

$$P_{smc} = \frac{n}{N} \times 100\%$$

式中：n 表示成功完成维修任务的次数；N 表示执行维修任务的总次数。

2）平均维修服务时间

平均维修服务时间（$\overline{T}_s$）指维修保障系统中的维修保障单元从接收到维修任务到完成维修任务的平均时间，是从时间角度反映维修保障系统维修能力的参数。各级维修保障单元的装备维修保障单元均应选取这一参数。

$$\overline{T}_s = \frac{\sum_{i=1}^{n} t_{si}}{n}$$

式中：t_{si} 表示第 i 个维修任务执行时间；n 表示成功执行的维修任务次数。

3）维修单元利用率

维修单元指的是维修保障系统中执行维修保障任务的最小装备维修单元，类似排队系统的服务台概念，维修单元利用率（P_{mua}）类似服务台利用率。反映各维修保障单元下辖的维修单元的利用情况，以反映维修单元的配置数量是否合理。由于维修保障系统中维修单元数量较多，实践中，一般只在对伴随类维修保障力量的保障能力评价中选取这一参数。

$$P_{\mathrm{mua}} = \frac{t}{T} \times 100\%$$

式中：t 表示该维修单元执行维修任务时间；T 表示仿真运行总时间。

4）维修任务平均等待时间

维修保障系统接收到一条装备维修任务时，如所需维修保障资源被占用或不足时，这一维修任务就需在维修任务队列中等待。维修任务平均等待时间（T_{s}）就是通过排队时间的长短反映对应维修保障系统运行的忙闲程度。

$$\overline{T}_{\mathrm{s}} = \frac{\sum\limits_{i=1}^{n} t_i s_i}{\sum\limits_{i=1}^{n} t_i}$$

式中：t_i 表示第 i 个统计时间；s_i 表示 t_i 时排队等待的维修任务数量。

5）备件保障度

备件保障度（P_{sp}）指维修保障系统接收到维修保障任务后，如维修任务需要备件，所需备件本级维修保障单元能够满足不需申请的维修任务数占所有需要备件的维修任务的比例。该参数反映各层次维修保障系统备件储备数量的合理性。

$$P_{\mathrm{sp}} = \frac{n}{N} \times 100\%$$

式中：n 表示备件需求满足的任务次数；N 表示执行有备件需求的维修任务的次数。

6）器材平均响应时间

器材平均响应时间（T_{m}）是对于有器材供应能力的维修保障系统，下级维修保障系统向其提出器材备件申请到申请被满足的时间。这一参数反映维修保障系统器材的供应能力，在有器材供应能力的维修保障力量的试验评价中选用这一参数。

$$\overline{T}_{\mathrm{m}} = \frac{\sum\limits_{i=1}^{n} t_i}{n}$$

式中：t_i 表示第 i 次提出器材申请到申请满足的时间；n 表示提出器材申请的次数。

7）运输平均响应时间

对于有装备运输能力的维修保障系统，接收到运输任务到任务完成的时间称为运输响应时间（$\overline{T}_t$）。这里的运输任务包括器材运输任务，也包括装备接取或下送任务。这一参数反映维修保障系统运输服务的能力，在有运输能力的维修保障力量的试验评价中选用这一参数。

$$\overline{T}_{\mathrm{t}} = \frac{\sum\limits_{i=1}^{n} t_i}{n}$$

式中：t_i 表示第 i 次运输任务完成所用时间；n 表示运输任务的次数。

8.3.5 试验参数仿真计算模型

试验参数仿真计算模型描述的是在考虑仿真实际情况下，试验参数该如何计算，包括各试验参数的计算对象、类型和算法等。由于作战单元的任务是分阶段的，这就需要对试验评价参数的计算进行阶段任务和总任务的区分。根据数理统计知识，维修保障仿真评价系统运行一次产生的评价参数结果并不可信，多次运行产生的结果才更可靠，因此还需要区分各试验评价参数一次仿真和多次仿真算法。

1）维修保障能力评价综合参数仿真计算模型

（1）装备能执行任务率。

维修保障仿真实验系统运行过程中，如果能够实时获得各作战单元装备完好数量，就可以实时计算出各作战单元的装备能执行任务率。仿真中，装备能执行任务率的算法如表 8 – 9 所列。

表 8 – 9　仿真中车辆装备能执行任务率算法表

对象	仿真次数	类型	算法
最小任务单元	1 次	实时	当前完好的装备数÷最小任务单元的装备编制数
		阶段任务	阶段任务内实时装备能执行任务率的平均数
		总任务	总任务内实时装备能执行任务率的平均数
	多次	阶段任务	各次仿真某阶段任务装备能执行任务率之和÷该阶段任务的执行次数
		总任务	各次仿真总任务装备能执行任务率之和÷仿真次数
上级作战单元	1 次	阶段任务	当前下属各最小任务单元完好装备数之和÷装备编制数
		总任务	阶段任务装备能执行任务率之和÷阶段任务数
	多次	阶段任务	各次仿真某阶段任务装备能执行任务率之和÷该阶段任务的执行次数
		总任务	各次仿真总任务装备能执行任务率÷仿真次数

从表 8 – 9 中可以看出，由于装备实体定义在最小任务单元，最小任务单元与其上层作战单元的装备能执行任务率的计算有所区别。

（2）最小任务单元使用可用度。

最小任务单元的使用可用度 A_o 是根据最小任务单元的可工作时间和不可工作时间来计算的。在维修保障仿真实验系统运行中，最小任务单元的状态有三种，分别是故障、工作和闲置。其中，故障状态指最小任务单元处于不可工作状态，工作和闲置指最小任务单元处于可工作状态。要计算最小任务单元的 A_o 就需要准确统计出其工作时间和不可工作时间。这里的可工作时间包括最小任务单元正常工作时间和不工作但完好的时间（闲置时间）。在最小任务单元某个阶段任务过程中，可工作时间和不可工作时间的累积如图 8 – 13、图 8 – 14 所示。

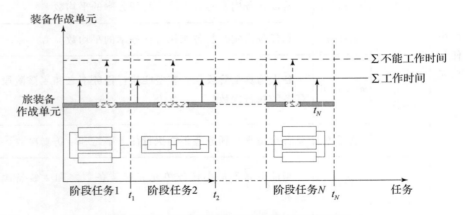

图 8 – 13　作战单元使用可用度的运行机理

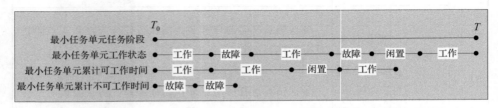

图 8 – 14　最小任务单元可工作时间与不可工作时间累计

图 8 – 14 中最小任务单元的某任务阶段从 T_0 时刻开始，到 T 时刻结束。只要记录最小任务单元在任务阶段内工作状态更新的时刻，即可统计

计算最小任务单元在某任务阶段内的累计可工作时间和累计不可工作时间，从而计算出最小任务单元在这一阶段任务中的 A_o。

仿真中最小任务单元使用可用度的计算方法如表 8 - 10 所列。

表 8 - 10 仿真中最小任务单元使用可用度算法表

对象	仿真次数	类型	算法
最小任务单元	1 次	阶段任务	阶段任务内最小任务单元可工作时间÷阶段任务执行时间
	多次	总任务	总任务内最小任务单元可工作时间÷总任务执行时间
		阶段任务	各次仿真某阶段任务使用可用度之和÷该阶段任务的执行次数
		总任务	各次仿真总任务使用可用度÷仿真次数

（3）作战单元任务完成概率。

根据作战单元任务完成概率数学模型可知，仿真中，对作战单元的执行任务过程进行仿真，通过记录每一次任务成功或失败的仿真数据，多次仿真结束后，就可以根据记录统计计算出各级作战单元的任务完成概率。任务完成概率一定是多次仿真才能计算出的试验评价参数。

仿真中各作战单元任务完成概率的计算方法如表 8 - 11 所列。

表 8 - 11 仿真中任务完成概率算法表

对象	仿真次数	类型	算法
各级作战单元	多次	阶段任务	各次仿真某阶段任务"完成"的次数÷该阶段任务的执行次数
		总任务	各次仿真总任务"完成"的次数÷仿真次数

2）维修保障系统试验参数仿真计算模型

在维修保障系统的概念模型中，可以将维修保障系统中的实体按照保障对象和保障能力分为伴随保障力量实体和伴随保障力量以上级实体。

由于较高层次的维修保障系统中的维修单元数量大，专业类型多，备件充足，使得维修单元利用率、维修任务平均等待时间和备件保障度所反映的维修保障能力不明显，一般只在伴随保障力量的仿真评价中选用这些参数。仿真中，伴随保障单元仿真评价参数包括维修任务完成概率、平均维修服务时间、维修单元利用率、维修任务平均等待时间和备件保障度。

仿真中伴随保障单元仿真评价参数的算法如表 8-12 所列。

表 8-12　仿真中伴随保障单元仿真评价参数算法表

参数	仿真次数	类型	算法
维修任务完成概率	1 次	阶段任务	阶段任务内完成的维修任务数目÷（在该阶段接收的维修任务总数＋前阶段产生遗留在本阶段的维修任务数）
		总任务	总任务内各阶段维修任务完成概率之和÷阶段任务数
	多次	阶段任务	各次仿真某阶段维修任务完成概率之和÷该阶段任务的执行次数
		总任务	各次仿真总任务平均维修任务完成概率之和÷仿真次数
平均维修服务时间	1 次	总任务	各维修任务服务时间之和÷维修任务总数
	多次	总任务	各次仿真平均维修服务时间之和÷仿真次数

续表

参数	仿真次数	类型	算法
维修单元利用率	1次	阶段任务	阶段任务内各维修单元工作时间之和÷维修单元数÷阶段任务时间
		总任务	总任务内各阶段任务维修单元利用率之和÷阶段任务数
	多次	阶段任务	各次仿真某阶段任务维修单元利用率之和÷该阶段任务的执行次数
		总任务	各次仿真总任务平均维修单元利用率之和÷仿真次数
维修任务平均等待时间	1次	总任务	总任务内各维修任务等待时间之和÷总任务内维修任务总数
	多次	总任务	各次仿真总任务平均等待时间之和÷仿真总次数
备件保障度	1次	总任务	备件能满足的维修任务数÷总维修任务数
	多次	总任务	各次仿真备件保障度之和÷仿真总次数

伴随保障单元以上维修保障单元仿真评价参数算法如表8-13所列。

表8-13 仿真中伴随保障单元以上维修保障单元仿真评价参数算法表

参数	仿真次数	类型	算法
维修任务完成概率	1次	阶段任务	阶段任务内完成的维修任务数目÷（在该阶段接收的维修任务总数＋前阶段产生遗留在本阶段的维修任务数）
		总任务	总任务内各阶段维修任务完成概率之和÷阶段任务数
	多次	阶段任务	各次仿真某阶段维修任务完成概率之和÷该阶段任务的执行次数
		总任务	各次仿真总任务平均维修任务完成概率之和÷仿真次数

参数	仿真次数	类型	算法
平均维修服务时间	1次	总任务	各维修任务服务时间之和÷维修任务总数
	多次	总任务	各次仿真平均维修服务时间之和÷仿真次数
器材平均响应时间	1次	总任务	各次提出器材申请到申请满足的时间之和÷提出器材申请的次数
	多次	总任务	各次仿真器材平均响应时间之和÷仿真次数
运输平均响应时间	1次	总任务	各次接到运输任务到任务完成的时间之和÷提出运输任务的次数
	多次	总任务	各次仿真运输平均响应时间之和÷仿真次数

8.3.6 仿真软件设计

维修保障系统的运作过程十分复杂，在对维修保障系统进行仿真实验时，需要开发大型软件系统，工作量很大。下面在对软件需求分析的基础上，设计了以维修保障功能为主的软件开发工作。

1. 软件需求分析

维修保障能力作战试验仿真软件需求分析是进行软件设计的前提，软件的需求分析主要包括软件设计目标和软件功能需求两个方面。

1）软件设计目标

软件设计目标是指软件所要达到的功能目标，是该软件设计与开发的根本归宿。依据所构建的维修保障系统仿真模型，软件须至少实现以下三项目标。

（1）依据使用可用度仿真计算方法，实现使用可用度仿真评价。

（2）依据装备完好率仿真计算方法，实现装备完好率仿真评价。

（3）依据任务成功概率仿真计算方法，实现任务成功概率仿真评价。

2）软件功能需求

软件设计目标是通过获取使用可用度、装备完好率、任务成功率的数据，由此可以提出软件的功能需求，其功能组成如表 8 – 14 所列。

表 8 – 14　功能需求表

程序名称	功能需求
仿真评价	维修保障流程
	仿真控制
	仿真数据监控
	参数运算统计
	仿真实验数据记录

（1）维修保障流程。程序首要功能主要实现整个维修保障的运作流程，还要实现使用可用度、装备完好率、任务成功率的仿真流程、维修过程仿真流程和仿真推进机制等。

（2）仿真控制。软件应能对整个仿真流程进行控制，命令包括中断、启动、复位、调节时间等。

（3）仿真数据监控。数据监控功能应实现以二维图表的形式对仿真数据监控，X 轴表示时间维度，Y 轴表示参数对应时间点的值。监控窗口提供原始数据的实时显示。

（4）参数运算统计。使用可用度、装备完好率和任务成功概率的计算统计是程序的核心内容，也是最后的仿真输出。

（5）仿真实验数据记录。定义仿真数据库格式，管理仿真数据，仿真数据存储到数据库中。

2. 软件系统设计

1）系统设计

（1）用例图。仿真软件系统的用户既可进行仿真实验，又可以管理仿真数据，保存、查询仿真记录，仿真软件系统的用例图如图 8 - 15 所示。

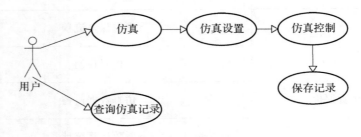

图 8 - 15　用例图

（2）构件图。采用模块化的设计思想，将仿真系统分为仿真推进器、作战单元、故障产生器、保障系统管理器和数据库管理器 5 个主要构件，构件间的关系如图 8 - 16 所示。

（3）协作图。仿真推进器、故障产生器、作战单元、保障系统管理器和数据库管理器 5 个模块的协作关系，如图 8 - 17 所示。

对于仿真推进器，提出如图 8 - 18 所示的仿真推进机制。在仿真过程中，当某一阶段任务结束时，判断是否全部阶段任务结束，如果结束，则仿真结束，该条仿真任务成功，如果没有结束，通过装备完好率要求判断该阶段任务是否成功，如果成功，仿真继续推进，如果失败，则仿真结束，该条仿真任务失败。

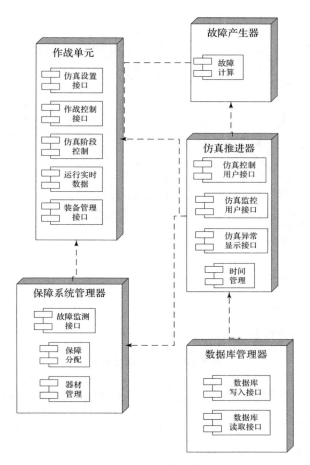

图 8－16 构件图

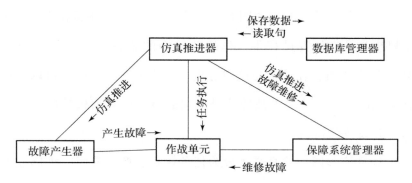

图 8－17 协作图

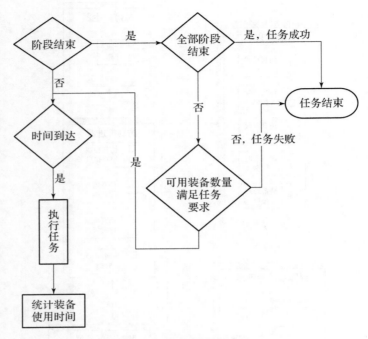

图 8-18 仿真推进机制

对于保障系统管理器，不考虑维修延误时间，在仿真过程中，旅装备单元中的装备以平均修复时间（MTTR）为中心值（该值可根据实装试验测得数据进行修正），在该中心值附近生成随机数，以该随机数作为装备的维修时间，时间到达后故障修复。

对于故障产生器，提出如图 8-19 所示的装备运用的故障产生模型。其基本思想是：在仿真过程中，作战单元中的装备以平均故障间隔时间（MTBF）为中心值，在该中心值附近生成随机数产生故障，再以一定概率随机确定该故障类型为自然故障或是战损故障，然后随机抽取一个装备送入维修，并设置为待修。

（4）处理流程图。仿真具体分为任务执行、产生故障、维修故障等阶段，图 8-20 是一个处理周期的流程图。

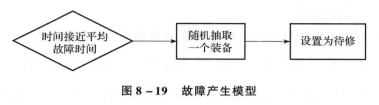

图 8－19　故障产生模型

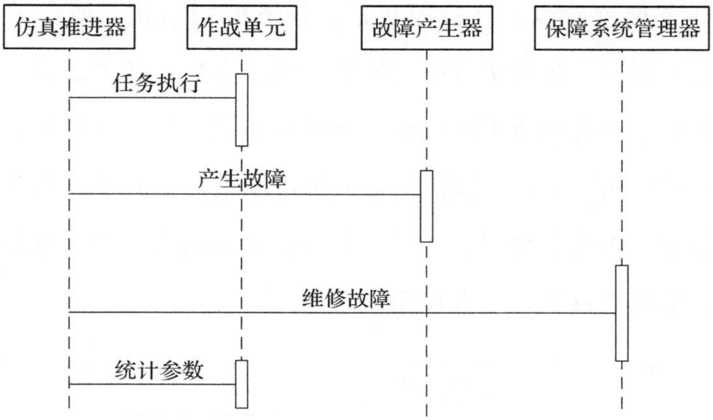

图 8－20　处理流程图

（5）组织结构图。用一个系统图表列出本软件系统内的每个程序（包括每个模块和子程序）的名称、标识符和层次结构关系，如表 8－15 所列。

表 8－15　组织结构

程序节点	模块名	子程序	实现功能	备注
仿真评价	主模块	Main	实现仿真管理程序结构	
	仿真流程	Propeler	实现仿真的整个流程	
	仿真管理	MainWindow	实现仿真管理用户口接口，本项目中采用交互式的界面作为用户接口	
	试验数据管理	SqlManager	实现仿真数据管理	

2）仿真流程设计

仿真流程包括软件仿真流程设计和维修仿真流程设计。

（1）软件仿真流程设计。如图 8-21 所示，仿真开始时首先进行仿真初始化，仿真初始化包括复位各项参数、初始化定时器。初始化结束后，仿真进入任务推进阶段，该阶段包括：任务的初始化，即初始化作战单元；推进仿真程序，包括仿真推进依靠作战单元执行任务、故障产生器产生故障、保障系统管理器维修故障三个模块组成；这一过程中，不断记录仿真时间并计算仿真参数。该阶段任务推进结束后，判断所有任务是否结束，如果结束，则仿真结束；如果任务没有全部结束，则继续返回任务初始化阶段，继续进行推进仿真程序。

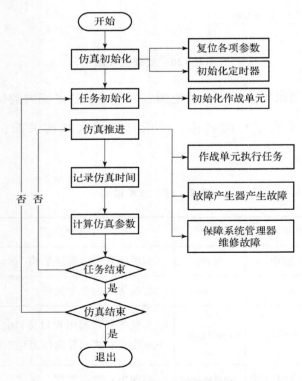

图 8-21 软件仿真流程图

（2）维修仿真流程设计。如图 8 - 22 所示。当故障装备到达时，首先判定是进入保障 1 群维修，还是进入保障 2 群维修。当故障装备进入保障 1 群时，判断是否需要向上级进行器材申请，当需要申请时，如果上级提供了器材的供应，则判定本次维修任务成功，否则失败；当不需要申请时，则判定保障 1 群可以对装备进行维修，即任务成功。当故障装备进入保障 2 群时，首先判定是否需要向基本保障指挥所提供器材申请，如果需要申请且能提供器材，则装备进入保障 2 群进行维修，如果器材不能进行供应，则判定维修任务失败。当保障 2 群有器材时，判断是否需要保障 3 群的支援，如果不需要，则进入保障 1 群，任务判定为成功，如果需要支援，则需要提出支援申请，如果能够支援，故障装备进入保障 3 群维修，如果不能支援，则判定任务失败。

3）仿真管理设计

仿真管理模块是仿真管理软件的可视化部分，提供交互式的用户接口，接收用户输入，并将仿真处理过程中产生的反馈信息显示给用户。

该模块能提供用户接口，接收用户输入，并将数据传导到相应的模块中，主要功能如下：

（1）仿真控制命令：仿真开始、暂停、复位等命令。

（2）实时数据浏览：通过主界面可以浏览仿真数据。

（3）数据变化曲线：通过二维表，可以绘制数据对时间的变化曲线，同一个二维表同时监控多条二维曲线。

在性能实现上，用户接口与业务处理定时器独立，业务处理使用 20ms 定时器，用户接口使用 100ms，界面不会出现卡顿的现象，有较好的扩展性和维护性。

如图 8 - 23 所示，所设计的仿真管理算法流程如下：

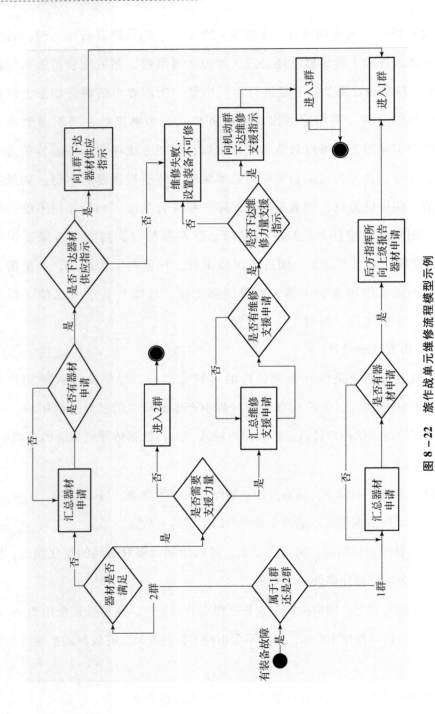

图 8 - 22 旅作战单元维修流程模型示例

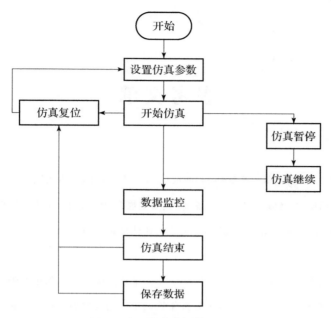

图 8 – 23 仿真管理算法设计

步骤 1：设置仿真参数或者默认，进入步骤 2。

步骤 2：开始仿真活动，进入步骤 3。

步骤 3：调节仿真速度或暂停或复位，进入步骤 4。

步骤 4：仿真结束，进入步骤 5。

步骤 5：选择保存仿真数据，重复步骤 1。

参考文献

[1] 王凯,赵定海,闫耀东,等. 武器装备作战试验[M]. 北京:国防工业出版社,2011.

[2] 王元钦,王明俊,吴艳梅,等. 美军装备试验与鉴定规程[M]. 北京:国防工业出版社,2011.

[3] 李志猛,徐培德,冉承新,等. 武器系统效能评估理论及应用[M]. 北京:国防工业出版
社,2013.

[4] 曹裕华,王元钦. 装备作战试验理论与方法[M]. 北京:国防工业出版社,2016.

[5] 赵继广,柯宏发,袁翔宇,等. 电子装备作战试验理论与实践[M]. 北京:国防工业出版
社,2018.

[6] 郁浩,都业宏,宋广田,等. 基于贝叶斯分析的武器装备试验设计与评估[M]. 北京:国防工业
出版社,2018.

[7] 鲁培耿,等. 美国海军陆战队作战试验与鉴定[M]. 北京:国防工业出版社,2019.

[8] 王伟,李远哲. 坦克装甲车辆试验鉴定[M]. 北京:国防工业出版社,2019.

[9] 王凯,孙俊峰,蒲玮,等. 陆军装备作战试验[M]. 北京:兵器工业出版社,2021.

[10] 金光,潘正强,尤杨,等. 装备试验设计与分析评估[M]. 北京:科学出版社,2024.